Palabras para

Ashraf

Edición de Juan Luis Calbarro

Los Papeles de Brighton

2016

Los beneficios obtenidos con la venta de este libro se destinarán íntegramente a una organización de defensa de los derechos humanos en Arabia Saudí.

Editado por
Los Papeles de Brighton
Camino de Génova 39
07014 Palma de Mallorca (Islas Baleares)
España
http://lospapelesdebrighton.com

Con reconocimiento a Change.org, cuyo apoyo ha sido insustituible para recoger las casi 300.000 firmas que han exigido la liberación de Ashraf Fayad. Aún puedes firmar aquí:

http://www.change.org/ashraflibertad

ISBN: 978-84-945158-3-5
Depósito legal: 543-2016

Palabras para Ashraf
Primera edición: Palma, 1 de mayo de 2016
Colección Mayor, número 4
Diseño de la colección: laculture.es

ASHRAF FAYAD nació en 1980 en Abha (Arabia Saudí) en el seno de una familia de refugiados palestinos procedentes de la Franja de Gaza. Artista plástico y comisario artístico, participó en varias exposiciones internacionales en representación de su país de adopción, entre ellas la Bienal de Venecia (2013). Promovió el arte saudí contemporáneo en varios ámbitos y formó parte de la organización angloárabe *Edge of Arabia*. En 2014 colaboró en el volumen colectivo *Contemporary Kingdom. The Saudi Art Scene Now* (edición de Myrna Ayad, Dubai: Canvas Central, 2014). En el ámbito literario, es autor del poemario *Al-Ta'limât bil-dâkhil* (*Instrucciones en el interior*; Beirut: Dar al-Farabi, 2008), cuyos versos le acarrearon en 2015 una condena a muerte por apostasía. Este libro colectivo le está dedicado; con él, los autores quieren contribuir a divulgar su caso y claman contra todas las censuras.

PALABRAS INICIALES Y PETICIÓN

De la misma manera en que solicité la colaboración de un puñado de escritores para llevar a cabo este proyecto editorial y solidario a favor del preso de conciencia Ashraf Fayad, hoy, lector, solicito tu colaboración.

Ashraf, poeta y comisario artístico, fue condenado por un tribunal saudí, primero, a cuatro años de prisión y, un año después, a muerte, por los delitos de blasfemia, ateísmo y ofensas al islam. Su error había sido escribir versos. Recientemente, gracias en parte al trabajo denodado de su familia y en parte a la enorme repulsa manifestada internacionalmente, le ha sido conmutada la pena por la de ocho años de prisión más ochocientos latigazos, administrados en dieciséis series de cincuenta.

Las verdaderas causas de su condena parecen ser la visión crítica de la realidad que encierra su poemario Instrucciones en el interior (2008), su posición influyente en la renovación del arte saudí (un gremio poco convencional al que de vez en cuando hay que recordar los límites del redil) y, también, que grabó y publicó imágenes de una actuación represiva por parte de la policía religiosa del régimen. Durante el proceso que lo abocó a la muerte se había ignorado su derecho a la defensa de un abogado; el juez ni siquiera había hablado con el reo.

Condenar a alguien por tener o no tener una fe religiosa, o por cualquier opinión o creencia vertida en un libro, es contrario a los derechos humanos y nos lleva de vuelta de lleno a la Edad Media. Hacerlo, además, como pretexto para eliminar la disidencia o la crítica es signo de qué clase de régimen es el saudí.

En noviembre de 2015, cuando Ashraf fue condenado a muerte, inicié en Change.org una petición en la que muchos solicitamos al gobierno de España que pusiese de su parte todo lo posible para impedir este atropello. A día de hoy estamos cerca de reunir 300.000 firmas de apoyo; te invito, lector, a unirte también a esta iniciativa y firmar la petición: su dirección electrónica está en la página de créditos. Gracias a una comunicación directa con el ministerio de Asuntos Exteriores por parte de Mounir Fayad, un hermano del condenado que reside en Asturias desde hace ya muchos años, sabemos que el ministro en funciones García-Margallo está al tanto del caso. Todos deseamos que eso se traduzca en acciones concretas.

Y a principios de marzo de 2016 inicié la producción del presente volumen para su publicación en Los Papeles de Brighton. Sesenta y un escritores respondieron al llamamiento sin hacer una sola pregunta, dedicando generosa y apresuradamente su tiempo y su esfuerzo para poder manifestar en estas páginas, con toda su energía, su apoyo a Ashraf y su convicción de que la opinión nunca puede ser delito, de que los versos no pueden ofender a nadie. Entre ellos hay algunos de nuestros más reconocidos poetas, narradores y ensayistas, académicos y figuras internacionales, junto con otros autores no tan celebrados pero igualmente pertenecientes a lo mejor de lo que se está haciendo hoy en la literatura nacional y, desde luego, todos ellos primeros espadas de la solidaridad. Sorprende que una gran parte de los convocados hayan decidido generosamente aportar textos escritos ex profeso para este libro, lo que le añade un enorme valor literario; allá donde las contribuciones no son inéditas, indico al pie la referencia de su primera publicación.

Quiero destacar que en la selección de los autores no hubo, ni ellos lo hubieran permitido, sesgo ideológico alguno. Aquí conviven firmas de todas las adscripciones políticas; personas de convicciones religiosas y laicas; autores preocupados por la persecución del ateísmo o por las libertades en Oriente, por la pesadilla concreta de la prisión del poeta o por el contexto geopolítico más general del conflicto entre Oriente y Occidente, por el momento que vive el Islam o por la interrelación entre las diversas tensiones que le atañen, por los elementos más humanos y sentimentales del asunto o por una reflexión general sobre la necesidad de la libre opinión y de la crítica de las verdades establecidas.

Son principalmente hombres y mujeres de Europa, pero también un puñado de otras orillas. Algunos han escrito sobre Ashraf y otros han puesto un poema en su boca. Se han dado convergencias reseñables, como el diálogo intertextual entre Isaac Goldemberg y Carlos Martínez Gorriarán en torno a la célebre afirmación de Adorno sobre la poesía después de Auschwitz. Este homenaje es también una inusual estafeta por la que pasan cartas dirigidas a Ashraf, cartas para los propios hijos de los autores, como es el caso de la de Isabel Camblor, y una emocionante misiva del propio hermano del condenado, Mounir Fayad, a los autores de este libro. Vamos de la ira indignada de Eduardo Moga a las llamadas a la hermandad entre pueblos de Antonio Gamoneda o Tomás Sánchez Santiago. Todos han aportado su texto porque deseaban estar aquí, sin más aspiración que manifestar su apoyo a Ashraf y su familia y a los cientos de presos de conciencia que hoy sufren malos tratos y cautiverio en Arabia Saudí y otros países de su entorno. Todo el que se acerque a estas páginas podrá entender que, en la lucha por los derechos de todos, no estamos enfrente de nadie, sino abrazados los unos con los otros. No es éste un libro contra nada ni nadie, sino a favor de la libertad.

Ahora llega mi petición, lector. Te voy a pedir, como en su día solicité a los magníficos escritores que vas a leer en las próximas páginas, que compres al menos un ejemplar de Palabras para Ashraf. Con la presentación del libro y las noticias que rodean su lanzamiento damos a conocer, hasta donde podamos llegar, el caso de Ashraf Fayad y el de los cientos de presos de conciencia que sufren cautiverio en aquel país cada año y de los que él es, a su pesar y como otros presos políticos conocidos —Raif y Samar Badawi, Walid Abuljair, Alí Mohamed al Nimr...—, sólo un representante cualificado; e intentamos que su drama no pierda actualidad y que las autoridades saudíes consideren el indulto. El libro está a la venta permanentemente en Amazon y los beneficios obtenidos serán destinados íntegramente a una organización de defensa de los derechos humanos en Arabia Saudí. Considera también, por tanto, darle toda difusión posible a esta publicación y regalar sendos ejemplares de este libro a tus amistades, porque la causa lo merece, pero también porque en sus páginas encontrarán unas cuantas de las mejores firmas del panorama literario español y algunos testimonios conmovedores.

Saludos cordiales.

Juan Luis Calbarro
Palma de Mallorca, 10 de abril de 2016

CARTA A LOS AUTORES DE ESTE LIBRO

Nadie hubiera previsto una desgracia semejante. Todo iba bien, sobre ruedas, hasta que un día Ashraf, mi hermano, topó con una persona, tan sólo una persona que resultó ser la que iba a decidir su futuro y el futuro de una familia que en ningún momento había sospechado lo que iba a suceder.

Mi familia siempre me mantenía al margen de los pequeños problemas; digo pequeños porque eran los que cualquier familia puede tener. Ellos pensaron que el problema de mi hermano iba a ser otro pequeño problema y, de hecho, lo fue la primera vez que lo citaron y lo dejaron libre después de veinticinco horas. Me enteré por una red social de que Ashraf estaba citado para el día 1 de enero de 2014. Mis padres me dijeron que no tenían nada contra él y que le dejarían libre en cualquier momento... Fue condenado a cuatro años y ochocientos latigazos. No lo comentamos con mis padres. Ellos siempre decían: "Lo soltarán la semana que viene". Mientras, mis hermanos apelaban la sentencia. Hasta que un día, el 20 de noviembre de 2015, recibimos la desgraciada noticia: como si conmutar una pena de prisión por otra de muerte, nada más y nada menos, fuera lo más natural del mundo.

Ocultamos la noticia a mis padres por miedo a que les pasase algo pero, no sé de qué manera, mi padre se enteró y no pudo soportarlo. Que en paz descanse. No sé en que acabará todo este sufrimiento, pero ya ha dejado una herida permanente en una familia que, además, por las circunstancias de la vida, hoy vive dispersa entre varios países.

Tras la sentencia a muerte, recomenzamos nuestra lucha pensando que íbamos a estar solos, pero nuestra sorpresa y alegría fue enorme cuando constatamos el apoyo, el compromiso, la solidaridad de tanta gente con nuestra causa. Esto nos ha convencido de que, con el apoyo de todos, nuestros esfuerzos llegarán a buen puerto y podremos conseguir la libertad de Ashraf. Recientemente se le ha vuelto a conmutar la pena de ejecución por la de prisión y castigo físico. Con vuestra ayuda, seguiremos luchando por su liberación.

Muchísimas gracias a todos por lo que estáis haciendo.

Atentamente,

Mounir Fayad
Cabueñes, 4 de abril de 2016

LOS ÚLTIMOS DESCENDIENTES DE LOS REFUGIADOS

Provocas indigestión al mundo, entre otras cosas.
No obligues a la Tierra a vomitarte
y permanece cerca de ella, muy cerca.
Eres una fracción irreductible,
no participas en operaciones matemáticas.
Así, creas confusión en las estadísticas internacionales.

Refugiado: el último de la fila, esperando tu pedazo de
    patria.
Esperar: ya lo había hecho tu abuelo, sin saber por qué.
El pedazo: eres tú.
Patria: un carnet para colocar en la billetera.
Billetes: papeles que llevan el retrato de los jefes.
Retrato: ocupa tu lugar hasta que vuelvas a tu país.
El Retorno: un ser mítico, de los cuentos de la abuela.
Se acabó la primera clase.
Vamos a la segunda: tú... ¿qué significas?

Todos están desnudos en el Juicio Final,
y nadarán ustedes en las aguas derramadas de las cloacas.
Estar descalzo es saludable para los pies
pero insalubre para el suelo.

Estableceremos tribunas para usted, congresos.
Escribiremos elocuentemente sobre ustedes en los periódicos.
Existe una nueva fórmula contra los contaminantes
    recalcitrantes,
y está a medio precio.
Apúrense para comprar la mitad.
La crisis del agua es muy dura.

Negociaciones serias están en marcha
para garantizar cenizas gratuitas,
para que no te ahogues,
y sin violar el derecho de los árboles a vivir sobre la Tierra.
Evita consumir tu porción de cenizas de una sola vez.

Te enseñaron a mantener la cabeza en alto
para que no veas la suciedad sobre la tierra.
Te enseñaron que la Tierra es tu madre,
¿pero y tu papá?
Lo buscas para averiguar tu linaje.
Enseñaron que tus lágrimas son un desperdicio de agua,
y que el agua... ya sabes.

Mañana...
sería mejor deshacerse de ti.
Sin ti, la Tierra lucirá mejor.

Los niños son como los pájaros,
pero no hacen sus nidos en los árboles muertos.
Y plantar árboles no es la responsabilidad de la agencia de la
    ONU para los refugiados.

Transfórmate en una hoja
para ser utilizada como un naipe
para escribir poesía
para limpiarte en el baño
para que tu mamá se sirva de ella para prender la estufa
y hornear algo de pan.

Según el pronóstico del tiempo:
el sol permanecerá en la cama por su alta temperatura
    corporal.

Los huesos, vestidos por carne y luego piel.
La piel se ensucia y produce un mal olor.
La piel se quema y se ve afectada por factores
    sobrenaturales.
Mírate a ti mismo, por ejemplo.

No pierdan la esperanza...
Dejen que el exilio del que huyen los anime.
Es una formación intensiva para aprender a vivir en el
    infierno
bajo sus condiciones duras.
Dios mío... ¿está el infierno aquí en la Tierra, en algún lugar?

Los profetas ya se han jubilado
así que no esperen a ninguno resucitado por y para ustedes.
Por ustedes, los observadores escriben sus informes diarios
y cobran sus sueldos altos,
necesarios
para vivir con dignidad.

Los falafel de Abu Saíd están expuestos a contaminación
y las farmacias anuncian el fin de la campaña de vacunas.
No se preocupen si contaminan a sus hijos
mientras el dispensario sigue allí.

El concurso de belleza está transmitido en vivo,
el bikini le queda bien a esta chica
y esa otra tiene el trasero un poco grande.
Noticias de última hora: "Subida repentina en el número de
    muertos
por fumar tabaco".
El sol sigue siendo la fuente de luz,
y las estrellas se asoman pare verlos, porque el techo
    necesita ser reparado.

Discusión en el estacionamiento:
—El taxi no esté lleno todavía, no partiremos...
—Pero mi esposa está pariendo.
—Es su décimo embarazo, ¿no aprendió nada?
Los informes advierten del crecimiento caótico de la
     población.
Caótico... ¡La palabra que buscaba todo este tiempo!
¡Vivimos en un mundo caótico!
Nos multiplicamos en masa y nuestros hijos permanecen
     desnudos.
Somos una fuente de inspiración para los cineastas, los
     noticieros, visitas de las delegaciones y discusiones por el
     G8... Somos los pequeños. Pero no pueden vivir sin
     nosotros. Por nosotros, algunos edificios cayeron,
     estaciones de ferrocarril explotaron (y el hierro es
     susceptible de oxidarse).
Por nosotros, los mensajes con foto se multiplican.
Somos actores sin sueldo.
Nuestro rol consiste en estar desnudos como nuestras
     madres nos parieron, como la tierra nos parió, como los
     noticieros nos parieron, como los informes de varias
     páginas, como las aldeas adyacentes a los asentamientos
     israelíes, como las llaves que todavía carga mi abuelo...
     Pobre de mi abuelo, ¡nunca se enteró de que cambiaron
     las cerraduras!
Mi abuelo... malditas sean las puertas que se abren con
     llaves digitales, malditas las aguas de las cloacas que
     fluyen al lado de tu tumba, que te maldiga el cielo sin
     lluvia. No importa, pues tus huesos no pueden crecer
     debajo de la tierra... es por culpa de la tierra que no
     crecemos por segunda vez.
Abuelito, en el Día del Juicio estaré ahí, déjame tomar tu
     lugar. Mis genitales ya son conocidos para la cámara.

¿Crees que será permitido tomar fotos durante el Día del
   Juicio?
Abuelito, estoy desnudo todos los días, sin Juicio, y sin que
   nadie toque ninguna trompeta. Ya me han mandado de
   adelantado. ¡Soy el experimento del infierno en la Tierra!
La Tierra...
El infierno que fue preparado para los refugiados.

                     Ashraf Fayad (Instrucciones en el interior)
         Traducción del árabe de Shadi Rohana y Lawrence Schimel

Palabras para Ashraf

"Aún no hemos dicho nada del mayor mal que causa la poesía. ¿No es, en efecto, una cosa bien triste ver que es capaz de corromper el espíritu de las personas discretas a excepción de muy pocas?"

(Platón, *República*, siglo IV a. C.)

"La posibilidad de comunicar los propios pensamientos [por medio del libro impreso] tiende evidentemente a disipar la ignorancia, que es custodia y salvaguarda de los estados bien gobernados."

(Voltaire, *Del horrible peligro de la lectura*, 1765)

"El saber del poeta es un saber prohibido y su sacerdocio es un sacrilegio."

(Octavio Paz, *Los hijos del limo*, 1974)

"Entendemos que escribir es un acto pecaminoso, al principio contra los grandes modelos, en seguida contra nuestros padres, y pronto, indefectiblemente, contra las autoridades."

(Augusto Monterroso, *La palabra mágica*, 1983)

"La poesía, construida con palabras que se pronuncian desde el ser entero, nos alcanza la posibilidad de un lenguaje desalienado."

(José Isaacson, *Antropología literaria*, 1982)

Alfredo GAVÍN

Riba-roja d'Ebre, Tarragona, 1957.

Su obra en catalán imbrica la imagen fotográfica de diversos
autores en *El somni d'un riu* (2002), *El mirall de la metròpoli*
(2009) y *El port* (2015); y de dibujos propios en los libros *Els
castells de la memòria* (2008), *Un pais de bacteris* (2012) y *Els
òxids i els dies* (2016). Con *El hijo de Clint Eastwood* (2011)
inaugura un amplio proyecto poético en castellano que ha ido
viendo la luz en diversos volúmenes: *Palestina* (2012), *El
rastreador y la sombra* (2014) y, junto con Eduardo Moga,
Ramón García Mateos, Juan López-Carrillo y Vicente Llorente,
el volumen colectivo *Libro libre* (2013).

HE TRAÍDO HASTA AQUÍ MI DOLOR COMO SEMILLA

Si somos hermanos en la muerte,
¿por qué no lo somos en la vida?

Fríos Santos García

He traído hasta aquí
mi dolor como semilla,
hasta la tierra desnuda
abierta a los privilegios
del cielo de mis principios
—afán que se eleva en árbol—,
con muy delicada nube
la traigo y aquí la arropo
de tibia esperanza libre
para que olvide el agravio
de la palabra voraz,
incauta, desaprensiva.

Que no la toque el concepto
de esa dignidad herida
que tiene el herido malo,
el herido de estulticias,
el herido que no sabe
acompañar su dolor,
que lo lleva fuera al filo,
al arpón que se proyecta
en carne desangelada,
que clama su desafecto
de herida sin cicatriz,
sin camino, sin silencio.

Protegido de las herencias
lo acomodo entre mis manos
sin que banderas despliegue,
sin salmos que incinerando
lo enciendan, sin salitre,
con arrullo de la voz,
con certeza de saber
que será cerrado el círculo,
dispuesto a la redención
que es, en la oscuridad,
la luz, la escasa y sagrada
luz de los que ciegos vamos.

En ese camino o surco,
linde de esperanza y lluvia,
no hemos de dejar que nadie
dicte insalubres sentencias
que ahoguen en barro infértil
el dolor de los que ciegos
vamos buscando en amor,
en devoción, en bondad,
sin lastre de piedras propias,
desnudos para el azote,
las más altas cabelleras
del árbol que nos entrega
su fruto como alimento,
su sombra como sosiego,
su viento, su libertad.

Ángel FERNÁNDEZ BENÉITEZ

Zamora, 1955.

Estudió Filosofía y Letras en la Universidad de Salamanca. Profesor de lengua española y literatura entre 1979 y 2013. Su labor literaria se centra fundamentalmente en la poesía; ha publicado *Espirales* (1980), *A la orilla del júbilo* (1989), *Epistolio* (1994), *La conducta inocente* (1998), *El ajuar de la noche* (2002) *Cuaderno de otoño* (2002), *El sistema en la niebla* (2004), *La mar inmóvil* (2007), *Blanda le sea* (2010) y *Perdulario. Antología poética (1978-2013)* (2015).

DE CAMILLE DESMOULINS A SU AMIGO
MAXIMILIEN

Me ha costado seguirte. Tu pureza
ya antaño era una carga para quienes
en soledad, aún niños,
cebábamos la carne en el deseo.
Me ha costado seguirte, aunque te amara,
amara tu virtud, tanto entusiasmo,
la recta decisión de tu mirada...
Me ha costado seguirte y he llegado
al borde de la vida.
Mañana acabará Camille, como
el decreto que habrás firmado hoy
sin duda dictamina.
Camille el peligroso dejará de enojarte
y su palabra libre
se hundirá en el olvido para siempre
o se irá río abajo con el Sena.
Me duele despedirme. Soy demasiado joven
y estoy enamorado y, creo, no merezco
final tan afilado.
Pero, en fin, cuando debe,
se encuentra cada hombre su destino,
y yo lo tengo aquí, mirándome a los ojos.
El tiempo es como tú, querido amigo,
un compañero amado que acaba siendo infiel.
Lo malo de la muerte ocurre antes,
mientras dura la vida y corre por las venas
el miedo de perderla.
Una vez producida, me temo que será
benigna en demasía
y me deje nadando en un río sin agua.

Me preocupas tú, que has hecho del poder
tu recta religión.
No puede ser el hombre tan perfecto
que arrastre, cual profeta a sus apóstoles,
al aire enrarecido de su verdad estrecha
a quien con él camina. Tu sendero
escupe soledad y desamparo.
Sus cunetas rellenas con cadáveres
exudan el fracaso
de un hombre que cerró todas las puertas.
La salvación del mundo exige mucho
y todo salvador impone un celo
que aguza las cuchillas.
Advierte que otro en ti
tendrá que hacerse libre con tu espada.

(*Blanda le sea*)

Antonio GAMONEDA

Oviedo, Asturias, 1931.

Reside en León desde los tres años. Es autor de los siguientes poemarios y recopilaciones poéticas: *Sublevación inmóvil* (1960, finalista del Premio Adonáis), *Descripción de la mentira* (1977), *León de la mirada* (1979), *Tauromaquia y destino* (1980), *Blues castellano* (1982), *Lápidas* (1986), *Edad (Poesía 1947–1986)* (1987, Premio Nacional de Literatura), *Libro del frío* (1992), *Mortal 1936* (1994), *El vigilante de la nieve* (1995), *Arden las pérdidas* (2003, Premio de la Crítica de Castilla y León), *Cecilia* (2004), *Reescritura* (2004), *Esta luz. Poesía reunida* (1947-2004) (2004), *Extravío en la luz* (2009, con grabados de Juan Carlos Mestre) y *Canción errónea* (2012). En prosa, pero a medio camino siempre entre la narración, la reflexión y la poesía, ha publicado, entre otros títulos, *El tema del agua en la poesía hispánica* (1972), *Libro de los venenos* (1995), *El cuerpo de los símbolos* (1997) y *Un armario lleno de sombra* (2009, Premio Ciudad de Barcelona).

Su obra ha sido objeto de unas quince antologías y ha sido traducida a dieciséis lenguas. Es doctor *honoris causa* por cuatro universidades de Europa y América: Universidad de León (2000), Universidad Autónoma de Santo Domingo (2011), Universidad Autónoma del Estado de México (2014) y Universidad Babeş-Bolyai de Cluj (2015). Por su trayectoria ha recibido, además de diversos premios y condecoraciones locales, los siguientes galardones: Premio Castilla y León de las Letras (1985), Premio Leteo (2001), Premio de Cultura de la Comunidad de Madrid (2005), Premio Europeo de Literatura (2005), Premio Reina Sofía de Poesía Iberoamericana (2006), Premio de Literatura en Lengua Castellana Miguel de Cervantes (2006), Premio Quijote de las Letras Españolas (2009), Premio Rosalía de Castro (2010) y Premio de las Letras de Asturias (2014).

PALABRAS DE AMOR INSUMISAS PARA MIS HERMANOS ÁRABES

Amigos míos árabes partidarios del azafrán y del acero: vosotros no
/distinguís entre la batalla y el amor y encendéis grandes hogueras en
/las cumbres de la pureza y de la ira.
Ahora estáis cerca de mí, y yo pongo mis manos en vosotros, y mi
/pulsación asume vuestros latidos. Celebremos
esta compañía profunda.

Estáis viajando dolorosamente la extensión de vuestro destino; ya
/habéis cruzado numerosos
días sangrientos.
Os conduce la crueldad y vosotros viajáis protegidos únicamente por
/vuestra propia música.
Soñáis un tiempo frutal y un país logrado en la paz y verdecido por
/manantiales felices; un tiempo y un país en el que prepararéis bravas
/fiestas:
correréis la pólvora en caballos esbeltos
y grandes flores manifestarán su perfume y os ofrecerán sus pétalos.
Sí, amigos, éste es el signo de vuestro viaje:
                                        arder, enloquecer,
perfumar la tierra.

Pero no os extraviéis: vuestro tiempo y vuestro país están en vosotros
/mismos.

No sólo vuestra música habita mis bóvedas, no sólo mi pulsación se
/deduce de vuestras venas;
hoy he sabido algo más.
                    Ante las llamas del crepúsculo,
he recibido una comunicación necesaria y hermosa.

33

Como cuando vosotros descansáis en labores sencillas (tejéis vuestros
/sudarios o disponéis vasijas para vuestras lágrimas), yo descansaba
/ante una profundidad excavada en la sombra,
y pensaba, simplemente; pensaba y advertía
que mi pensamiento está en vuestro pensamiento y que mi destino
/se confunde, cada día y cada noche con mayor plenitud,
con el que es vuestro destino.
Pero aún supe más y ésta fue la comunicación necesaria y hermosa:

Todos los pobres de la tierra, y los exiliados, y los perseguidos
somos una misma raza y una misma conciencia.

Esto sucede en este tiempo abolido, en este inmenso país inundado
/de llanto,
bajo una noche despojada de estrellas.

Pero nosotros trenzamos los mimbres de la cólera y los mimbres
/de la esperanza, y esta labor procura serenidad a nuestro corazón, y
/así, llorando suavemente o cantando suavemente, esperamos
la aparición del amanecer.
*
En este punto, en el vértice del insomnio, cegado por los cuchillos
/zenitales, adivinando el presidio de las flores incandescentes,
me he acordado de los hermanos que agonizan ante los espinos de
/Macedonia,
y de todos y tantos hermanos desgarrados por todos y tantos espinos
exactamente calculados por cifras invernales
en las finanzas europeas.

Un instante después me he acordado del hermano Ashraf Fayad,
/torturado indefinidamente en la Arabia Saudí, en nombre de No Se
/Sabe Quién, a causa de haber incluido jazmines en música ofrecida
/mientras exhalaba palabras de amor.

Liberado sea por nuestra santa ira Ashraf Fayad torturado, liberados
                    /los padres ofendidos y los hermanos sedientos.
Hemos de reunirnos en un tiempo frutal, en un país verdecido,
y correr la pólvora en caballos esbeltos, y aspirar suaves perfumes,
y cantar, y girar, y enloquecer,
y amarnos, amarnos, amarnos
                                                        siempre.

Antonio RIGO

Palma de Mallorca, 1957.

Poeta y cantante de rock, ha dirigido durante dos décadas la tertulia poética palmesana El Último Jueves, de la que da testimonio la antología *El Último Jueves: 15 años. Poesía on the road* (2011), de la que es corresponsable con Jorge Espina. Ha publicado los poemarios *Luces de posición* (1991), *Mujer Triple* (1994), *Poemas del Polígono Industrial* (1994), *Página Par* (1995), *Parpadea y me habré ido* (2000), *Poemas del aeropuerto* (2004), *Días de radio y niebla* (2006), *Pan con aceite y otros poemas* (2007), *Poemas del bosque y de la lluvia* (2008), *Poemas de la otra orilla* (2010), *Masticando adelfa. Poesía reunida 1991-2011* (2012), *Álbum blanco* (2014) y *Poemas de la nevera* (2015). Ha sido incluido, entre otras, en las antologías *Feroces* (1998), *Poesía contemporánea de Mallorca en castellano* (1999), *Voces del extremo, poesía y conciencia* (2000), *El último en morir que apague la luz* (2001) y *La casa del poeta* (2007).

37

HACE MUCHOS AÑOS

decidí dejar el coche.
Y la moto. Caminar es mirar.
Si necesito unos zapatos o unos pantalones
sé que debo ahorrar unos meses.
Me alimento frugalmente. Quiero decir
que me quedo con una mística
sensación de hambre. Me gusta el vino.
Me gusta el agua. Y un poco de chocolate.
Si tengo un euro, vivo con un euro.
Si tengo siete, vivo con siete.
Si tengo 50 euros, procuro gastarlos
inmediatamente. Duermo poco. Yo diría
que en pie y con un ojo abierto,
pero desde hace unas noches
un grillo me acompaña. Siempre
tarareo algo, debe ser cosa
del ritmo interior. Amo. Vivo en
la ocupación total de esperar un
verso. Jamás lo dejes todo por
la poesía.

(*Álbum blanco*)

Arturo TENDERO

Albacete, 1961.

Estudió Teatro y Periodismo y es profesor de Educación Física y escritor. Ha publicado los poemarios *Una senda de aldeas cotidianas* (1991), *Las aves sin dueño* (2000), *Adelántate a toda despedida* (2005), *La memoria del visionario* (2006), *Cosas que apenas pasan* (2008) y *Alguien queda* (2013); las prosas *Nuestros lugares míticos* (2004, con Juanjo Jiménez), *Albacete, entre huellas y raíces* (2006) y *La hora más peligrosa del día* (2012); la antología-ensayo *La generación fanzine. Poetas de Albacete para el siglo XXI* (2001); y la versión libre de *El mercader de Venecia* (2000), de William Shakespeare. Ha sido antologado en numerosas ocasiones. Fundó y dirige con Juanjo Jiménez la revista de creación artística *La siesta del lobo* y ejerce la crítica literaria en el diario *La Tribuna*.

CARTA AL MEDIANO DE LOS MACHADO

Si alguna vez no te entendí, querido
Antonio, ya los años
han ido reparando mi candor:
también yo pago
con mi propio dinero la hipoteca
que me cubre y el pan
y los estudios superiores de mis hijos.
Mi aliño indumentario
es ir en chándal siempre,
que para eso soy profe de gimnasia.
Y sigo practicando, por un impulso
que no sé reprimir,
la purificación en la escritura,
por mucho que me tema
que cualquier día de estos
nos crecerá un tirano,
y a ver cómo le explico que si escribo
es por amor al arte. Amor y arte:
imposible que no sospeche nada
un hombre práctico.
Entonces tocará, si hay suerte, huir
a pie por la frontera
con una improvisada maleta de cartón
y dos versos rumiados,
que puede que a algún listo
le den para comer,
pero a nosotros solo, que ya es mucho,
sostener con palabras
estos días azules y este sol de la infancia.

Aurora LUQUE

Almería, 1962.

Poeta y traductora. Pasó su infancia en la Alpujarra e hizo estudios de filología clásica en Granada. Reside en Málaga, donde ha trabajado como profesora, articulista, editora y gestora cultural. Sus libros de poemas y antologías son *Hiperiónida* (1982, Premio Federico García Lorca de la Universidad de Granada), *Problemas de doblaje* (1990, accésit al premio Adonais), *Carpe noctem* (1992, Premio Rey Juan Carlos), *Carpe mare* (1996), *Transitoria* (1998, Premio Andalucía de la Crítica), *Las dudas de Eros* (2000), *Portvaria. Antología 1982-2002* (2002), *Camaradas de Ícaro* (2003, Premio Fray Luis de León), *Carpe verbum* (2004), *Haikus de Narila* (2005), *Aquel vivir del mar* (2006), *Carpe amorem* (2007), *La siesta de Epicuro* (2008, Premio Generación del 27), *Médula. Antología esencial* (2014), *Fabricación de las islas. Poesía y metapoesía* (2014), *Personal & político* (2015), *Cuaderno de Flandes y otros poemas/Cahier de Flandre* (2015) y *Los limones absortos. Poemas mediterráneos* (2016).

El mundo clásico, la literatura de mujeres y la traducción son sus principales líneas de interés. Ha traducido a Safo, Louise Labé, Renée Vivien, Meleagro, Catulo y María Lainá. Ha editado a Mercedes Matamoros, *El último amor de Safo* (2003); a José Manuel Caballero Bonald, *Ruido de muchas aguas* (2010); y a María Rosa de Gálvez, *Holocaustos a Minerva. Obras escogidas* (2013).

45

PREGUNTO A LAS DANAIDES

A Ashraf Fayad y a los buscadores
y buscadoras de libertad del siglo XXI

Viven en una casa de cordajes y linos
que gira sobre el mar.
Las arrastra una Furia o las arrastra un Pánico.
Cada una aprendió de la ola a encresparse
cuando el tiempo giraba sobre sí
como un desagüe sucio.

Os pregunto: —¿Gritaban
las aves de terror? Pregunto:
¿Enmudecieron, huecas, las cigarras?
¿Escuchabas un llanto con los filos cortantes
en las jarras del agua? ¿Veías a una esclava
sin boca en el espejo? ¿Hablaba un esqueleto
rechinante y gastado? Pregunto:
¿Era su tiranía un tigre torvo? ¿Era la cama un campo
de exterminio de sueños? ¿Tan feroz era el brazo
de los depredadores? ¿Tan nauseabundos
eran los alacranes? ¿Tan asfixiante el peso de las dunas?
¿Sabías ya qué dedo caería amputado,
qué palabras iban a coagularse
como sangre cuajándose en un cubo
o qué danzas se petrificarían
en un relieve largo y tenebroso?
¿Presentías colinas con hierba alegre y áspera?
¿Preferías —pregunto— las sábanas azules
del agua en alta mar —dormir con las medusas
en ahogadas cuevas? ¿No es adictivo el viento

cuando la proa bebe las olas a placer?
¿Sabías del amante que es el mar si eres libre
y lo hueles, lo abrazas, lo caminas?

—Sacra hospitalidad me la doy a mí misma.
Me acojo en el palacio que yo soy.
No columnas no llaves no murallas.
Sólo pistas de danza para el sol.

Beatriz BECERRA

Madrid, 1966.

Es psicóloga; actualmente, eurodiputada. Ha desarrollado su carrera profesional en el ámbito de la publicidad y la comunicación en grandes empresas y otras entidades. Como novelista, es autora de las novelas *Las criadas de Caifás* (2008), *La reina del Plata* (2012) y *La estirpe de los niños infelices* (2012).

PALABRAS QUE AZOTAN

The truth is like poetry.
And most people fucking hate poetry.

(Escuchado en un bar de Washington D.C.
por Michael Lewis, autor de *The Big Short*)

Dicen que los tribunales odian a los poetas.
Que los Estados los temen y los persiguen.
Que las religiones desconfían de ellos y los denuncian.
Pero eso era en el pasado. En la Edad Media.
O en Arabia Saudí hoy. El epítome de la negrura
   medieval.
Un mundo oscuro y paralelo.
Negrura de petróleo y de abaya que cubre de cabeza a
   pies a las mujeres.
Hoy.
En el mundo contemporáneo nos desgañitamos
   reclamando respeto a las libertades fundamentales.
A los derechos universales.
Denunciando aborrecibles violaciones.
Premiamos a Raif Badawi con el mayor galardón
   europeo a la defensa de los derechos humanos.
Y nos vemos obligados a pedir el perdón real.
Hoy. En 2016.
Rey Salman, el Magnánimo, perdone a sus condenados a
   muerte.
Monarca del reino que invisibiliza a las mujeres y no les
   permite ni conducir.
Soberano de la Arabia Saudí miembro del Consejo de
   Derechos Humanos de Naciones Unidas.

Pues son ¡ay! tantos los negocios que nos unen como
   anclas o grilletes a ese pasado poderoso y oscuro que
   pervive en simultáneo...
Negocios que nos azotan en el rostro y nos marcan con
   cicatrices de vergüenza.
Por ejemplo, con 800 latigazos. Con rejas por 8 años.
Por apostasía.
Pero la vergüenza nos sigue permitiendo al menos no
   dejar de utilizar las palabras.
Y azotar con ellas las conciencias. De uno o mil o del
   mundo entero.
Como nos enseña Ashraf Fayad.

Ben CLARK

Ibiza, 1984.

Ha publicado, entre otros, los poemarios *Secrets d'una sargantana i altres poemes* (2001), *Los hijos de los hijos de la ira* (2006, Premio Hiperión), *Cabotaje* (2008, Premio Arte Joven de las Islas Baleares), *Memoria* (2009), *La mezcla confusa* (2011, Premio de Poesía Joven Félix Grande), *Basura* (2011), *Mantener la cadena de frío* (2012, con Andrés Catalán, Premio de Poesía Joven RNE), *Los últimos perros de Shackleton* (2013, 2016) y *La Fiera* (2014), por el que obtuvo el Premio Ciutat de Palma Joan Alcover y el Premio El Ojo Crítico de RNE. Ha sido becario de creación literaria en la Fundación Antonio Gala (2004-2005); en The Hawthornden Castle International Retreat for Writers (Escocia); y en The Château de Lavigny International Writers' Residence (Suiza). Ha traducido a Anne Sexton, Stephen Dunn, Edward Thomas y George Saunders.

REVOLUCIÓN (FEBRERO, 2011)

Contra todo florecen los almendros.
Protesta radical e inquebrantable.

Este siglo veloz sin concesiones
ya no tiene un talón
visible; más que un ojo tiene mil
y no hay David que pueda ya vencerlo.
Escasean los héroes
en esta era de plasma
y, con todo, florecen los almendros.

Creer en el amor tampoco sirve
—contra el amor las flores han marchado—,
de amor están repletas las cunetas;
entre los vivos sólo
persiste el verde amor por el dinero.
Mienten las dependientas el catorce
y por eso florecen los almendros.

Por el sapo dorado, el tigre persa,
por el león del cabo y por el dodo,
el pingüino gigante,
el águila de Haast y el tilacín,
la paloma viajera, el pájaro carpintero
imperial, por el ciervo de Schomburgk
llevan su luto blanco los almendros.

Porque hoy en día existen los esclavos
—las flores lo repiten: ¡Hay esclavos!—
y lugares oscuros
y cárceles sin nombre

donde la vida es sólo un agujero.
Con la voz de los mudos se resisten
a callar los almendros.

Hay un dolor oculto en primavera,
nada sabe del hombre, de su historia
de guerras y desastres,
también este dolor es algo hermoso,
hermoso, ambiguo y brevemente eterno;
es la pena inefable
que hace estallar de amor a los almendros.

En este florecer tan subversivo
se han ido las pasiones de otros años,
se ha ido la esperanza
con la escarcha de enero y con el agua
que tímido se adentra en un febrero
que es testigo del cambio y del combate:
contra todo florecen los almendros.

(Los últimos perros de Shackleton)

Carlos GÁMEZ

Barcelona, 1969.

Reside a caballo entre Sant Jordi Desvalls (Girona) y Miami (EEUU). En 2012 ganó el premio Cafè Món por el libro *Artefactos* (2012). Ha publicado en las antologías *Emergencias* (2013), *Presencia Humana 1* (2013) y *Viaje One Way* (2014).

IMAGINAR EUROPA

Mucho se ha hablado y se hablará sobre los ataques terroristas perpetrados en París y los recientemente acontecidos en Bruselas. Me refiero, evidentemente, a la primera reacción condenatoria, que ha sido el discurso dominante desde los medios masivos, que se expresaban con alarma y en defensa de los valores occidentales. Pero también al contradiscurso elaborado desde posiciones más alternativas, en protesta por el hecho de que los medios trataran la actualidad como si hubiera víctimas de primera y víctimas de segunda, todas ellas del terrorismo. Lo que no hacía ninguno de ellos era imaginar el futuro; intentémoslo por un momento.

Imaginen un mundo en donde las potencias no puedan azuzar conflictos armados en otros lugares sin que estos salpiquen su política exterior. Un mundo en el que el debate ético de los que criticaban a quienes financiaban tiranías en el exterior mientras conservaban sus valores democráticos y su respeto a los derechos humanos en el interior no tendrá sentido porque ya no podrá suceder. Pues bien, señores, ese tiempo ha llegado, no para los EEUU, cuya población vive alejada aún de esos conflictos. Pero sí para Europa, para quien el mundo se ha empequeñecido y cuya política exterior será fiscalizada, sobre todo si esos conflictos tienen lugar en el Norte de África o en Oriente Próximo. Si Europa está dispuesta a financiar una guerra en esas regiones, o a apoyar un régimen tiránico, se llenará de refugiados el Viejo Continente, cosa que no gusta porque, aunque se diga que todos los humanos lo son, eso no oculta que los europeos somos racistas. Si, para acabar con esa guerra y con el problema de los refugiados, Europa decide bombardear posiciones de grupos armados que no son de su parecer, pasará lo que sucedió en París el 13 de noviembre de 2015, o en Bruselas el pasado 21 de marzo de 2016, que esos mismos grupos sufragarán ataques terroristas en nuestro propio territorio aprovechando nuestras debilidades, y nos implicarán en esa guerra. Así que vamos a empezar a ser responsables de nuestros actos.

En este contexto, *imaginen* una sociedad en donde los ciudadanos puedan implicarse en esos conflictos. Un mundo en donde, en vez de llenarse la boca criticando a su propio gobierno o la situación en cualquier lugar del mundo, el ciudadano actúe. Que decida dejar de consumir petróleo durante un cierto período de tiempo para debilitar a un grupo terrorista que se financia con la producción de combustibles fósiles, teniendo en cuenta que ese petróleo circula a través de la frontera turca con la ayuda de militares kurdos corruptos. Y que son varias las fuentes que apuntan a la comercialización de ese petróleo por parte de la multinacional de EEUU y Arabia Saudí: Aramco, que se limita a cambiar el etiquetaje de los barriles producidos por ISIS por el suyo propio. O *imaginen* una sociedad que decida unirse a la iniciativa de este libro, que trata de solidarizarse con el poeta y comisario artístico palestino Ashraf Fayad, injustamente condenado por el gobierno de Arabia Saudí por sus creencias y por expresar sus opiniones públicamente. A fin de cuentas, los aliados de los poderes económicos europeos no son los aliados de la ciudadanía, sobre todo si se dedican a financiar a terroristas y, a la vez, a condenar a poetas por sus ideas.

(Versión modificada de un artículo publicado en *Nagari*, 1 de diciembre de 2015)

Carlos JOVER

Palma, 1959.

Es ingeniero de caminos y funcionario del estado en Palma. Ha
publicado la novela *El espíritu de cristal* (2010), el poemario
Sangre a versos (2011), los relatos de *Durmiendo en Gotham*
(2012) y la ficción *Bajo las sábanas* (2014, 2016). Crítico de
arte en la edición de Baleares de *El Mundo*, ha comisariado
exposiciones como *La opción desamable* (2010), *Broto: Grandes
partituras* (2013), *D-ISLA A-ISLA* (2013) o el ciclo *Transferencias*
(junto a Asun Clar, 2013-2014).

PETRÓLEO

El petróleo —me decía— es el producto final de una acumulación milenaria de basura, que fermenta después de la pura excitación de la materia residual por estar toda ella tan junta. Es, por derecho propio, la cumbre de la biología, la razón de ser de la vida y de la llamada, malévolamente, materia orgánica. Cuanto más vieja y gastada esté esa *materia orgánica*, mejor, porque con la edad se acumulan en los seres las capas muertas, que crecen a modo de féretro portátil e individual, y todo ello no hace sino aumentar el caudal del flujo aceitoso del futuro. Se nos van muriendo las neuronas, las células óseas se petrifican, las que forman los tejidos de los órganos se acartonan, de modo que vivir se va constituyendo desde muy temprano como un lento aunque imparable trasvase, dentro del propio cuerpo, de la materia viva de partida hacia la materia quieta del final del proceso —la denominada materia orgánica muerta, cuya distancia de la inorgánica no es sólo la falta de movimiento propio, sino la pérdida de las funciones de la anterior estructura—: somos, no lo dudes —me decía—, una pura fábrica de petróleo. Después, cuando llega el momento, cuando hay tantas capas muertas que las pocas células que siguen latiendo casi no tienen espacio para respirar, cuando el cuerpo es un mero ataúd todavía sin apresillar —y ésta es una visión objetiva de la tercera edad, pues todo lo demás son cuentos chinos inventados por los psicólogos del *mundo feliz*—, nos acordamos de la ceremonia del culto a los muertos, que no es otra cosa que una serie de inflexiones mitológicas para garantizar la acumulación de la materia orgánica en un mismo yacimiento focalizado. Me estoy refiriendo, claro está —me decía—, a los cementerios. El petróleo, el tan bien, tan acertadamente llamado *crudo*, en definitiva, una vez más. ¿Por qué crees si no que la mayor parte de las culturas entierran juntos a sus muertos? ¿Por qué crees que se enfatiza siempre, obsesivamente diría yo —me decía—, que el cuerpo del prisionero ajusticiado ha sido devuelto a la familia, o que por fin ha sido hallado el cuerpo del marinero desaparecido y ahogado, o el del montañero perdido en las cumbres nevadas? Lo importante no es que con el cuerpo en las manos se pueda certificar la defunción. Lo importante es que la materia orgánica siga acumulándose en el yacimiento. Una sola baja en el recuento puede provocar el inicio de un cisma que termine en una diáspora de cadáveres, y en una consecuente ralentización, creciente, del ritmo de producción de *crudo* —pues al final todo lo que supone aumento de la entropía, la falta de sacrificio y de esfuerzo, termina por contagiar su aureola de manera *simpática*. La vida tiende al petróleo, y éste a la combustión: el paso de la materia a la energía, del cuerpo al fantasma, es el verdadero camino iniciático del que hablan tanto, tan prolijamente, la mayoría de religiones.

Y otra forma de llegar al petróleo, como te decía —me decía—, es a través de la acumulación de basura. En el fondo todo es basura, lo que pasa es que reservamos este nombre para lo que ya está gastado e inservible, y que además no es un ser vivo, o si lo ha sido, no lo ha sido en la forma particular nuestra, como un ser humano. Pero esto no es más que una falacia, la típica desviación de la objetividad por parte de aquel emisor del mensaje que forma parte del mismo mensaje. Quiero decir —me decía— que también los cuerpos gastados, aunque sigan latiendo, son en el fondo pura y auténtica y muy fructífera basura. Y basura de primera, por cierto, la que al descomponerse emite los gases más inflamables, los más vistosos, e incluso los más explosivos. La acumulación de basura origina importantes yacimientos, aquellos que contienen los más ricos aceites y los más prometedores combustibles del futuro. Pero cuando yo, personalmente —me decía—, me refiero a la basura, suelo hablar de otra cosa: suelo hablar de libros, de obras de arte, de música enlatada, en fin, de objetos producto de lo que se llama el mundo de la cultura. Ese sí que es el verdadero reino de la basura, aquí sí que se generan yacimientos gigantescos a ritmo enloquecido. Todo el mundo quiere aportar su deposición personalísima, y engrosar el relleno sedimentario que, como si de un cementerio recién nacido se tratase, crece hacia el petróleo con ímpetu inusitado. De hecho, la llamada *cultura* debería entenderse como un catalizador primordial de ese proceso natural por excelencia, la enzima que inyecta su flecha de dirección inexcusable a todo el resto del yacimiento. Con los productos culturales se tiene basura pura "sin cortar", cien por cien basura, y no como en el caso de los cementerios de cuerpos, en los que casi todos los contribuyentes entrantes llevan un setenta por ciento de agua, que no contribuye en nada al proceso. De hecho, se denomina "cultura" al yacimiento en sí, en el sentido que se tiene muy presente el proceso acumulativo, la "historia" de las deposiciones, el "contexto". Un libro solitario, una sonata lanzada al viento del desierto, un pedazo de tela coloreada por un mamarracho poseído por no se sabe qué triquinosis cerebral, no es *cultura*, sino simplemente un fenómeno incomprensible en medio del desolador panorama de la Naturaleza regida por la *ley orgánica* del petróleo. Lo que confiere sentido a todo esto es su carácter de basura fértil para el crecimiento del yacimiento. El petróleo, oscuro y oleoso, contiene la imagen más potente de este agujero negro que, a veces, bajo la presencia cálida de la luz del sol, parece progresar hacia otra meta. Como si la vida, pugnando por reproducir sus esquemas, pretendiese contener dentro de un límite el cómputo de la naturaleza muerta. Como si la vida, reproduciendo sus esquemas, no estuviese aumentando la producción de petróleo, procesando con más celeridad el mecanismo de la digestión de la materia. Como si el universo de las cosas, el mundo de la cultura y *todo eso*, no fuese el reino del caos y del desorden, y el plan de la evolución no pretendiese otra cosa que devolver las cosas a su estado primigenio. Como si el orden máximo no fuese el de la energía pura, sin materia, el resultado de la combustión del petróleo, el estrato incandescente donde habitan los muertos, nuestros fantasmas –me decía.

Carlos MARTÍNEZ GORRIARÁN

San Sebastián, Guipúzcoa, 1959.

Doctor en Filosofía por la Universidad del País Vasco (1990) y
licenciado en Historia por la Universidad de Deusto (1981), es
profesor titular de Estética y Teoría de las Artes de la
Universidad del País Vasco desde 1992. En los años noventa se
implicó en la lucha contra ETA y fue uno de los fundadores de
los movimientos cívicos Foro de Ermua (1997) y ¡Basta Ya!
(1999), ejerciendo de portavoz de ésta última. En 2007 fue
cofundador de Unión Progreso y Democracia, partido político
por el que fue elegido diputado en Cortes (2011-2015). Ha
publicado numerosos ensayos sobre arte, antropología y
política, entre ellos los libros *Casa, provincia, rey. Para una
historia de la cultura del poder en el País Vasco* (1993), *El arte
vasco y el problema de la identidad* (1995, con Imanol Agirre
Arriaga), *Movimientos cívicos. De la calle al Parlamento* (2008) y
Jorge Oteiza, hacedor de vacíos (2011).

ASHRAF FAYAD, POESÍA IRREDUCTIBLE Y COMBATE POR LA VIDA

Inevitablemente, Adorno me ha venido a la mente al pensar qué escribiría sobre el poeta Ashraf Fayad. Una sentencia de Theodor Adorno, quizás la más célebre de las suyas, pensador apodíctico, dice que después de Auschwitz ya es imposible escribir poemas; en la versión más citada: "escribir poesía después de Auschwitz es un acto de barbarie". En otra forma menos lapidaria y condenatoria: "Imposible escribir bien, literariamente hablando, sobre Auschwitz".

El automatismo metonímico, tan importante en el funcionamiento de la memoria —un recuerdo evoca otro—, me ha llevado de Adorno a la poesía de Paul Celan y su monumental "Fuga de muerte",[1] que de creer a Adorno no se podría siquiera intentar escribir. Allí dice Celan:

> Grita tocad más dulcemente a la muerte la muerte es un
>   amo de Alemania
> grita tocad más sombríamente los violines luego subiréis
>   como humo en el aire
> luego tendréis una fosa en las nubes allí no hay estrechez

Celan era un superviviente. Judío de la multicultural Bucovina, nacido en Czernowitz y de lengua alemana, sus padres murieron a manos de las SS mientras él mismo sufría trabajos forzados bajo —por fortuna— la policía rumana. Pero no es solo esta trágica experiencia la que le

---

[1] Traducción de Jesús Munárriz, en Paul Celan, *Amapola y memoria*, Madrid: Hiperión, 1985.

69

permite escribir *"Todesfuge"*, el poema que no podría escribirse, sino también el hecho —creo que muy relevante— de que Celan no pretendiera dar lecciones ni elaborar una dialéctica de Auschwitz. Solo perseguía una comunicación imposible fuera de la creación poética, la de una vivencia de intimidad con lo inenarrable.

También me he acordado de que Heidegger, después de la guerra, se interesó por la poesía de Celan, y de que éste tuvo el gesto de visitar al filósofo en su famosa cabaña del Todtnauberg, en la Selva Negra, en julio de 1967. Hay una anécdota controvertida acerca de la petición de Celan a Heidegger para que el antiguo rector de la Universidad de Friburgo entre 1933 y 1934 se manifestara públicamente contra el nazismo, al que había estado afiliado, obteniendo el silencio como respuesta (lo que, según los apologistas del pensador, debería tomarse como signo silente de su consideración de la poesía como algo tan elevado que no puede ser reducido a otra expresión. Aunque no era eso lo que pedía Celan). Celan escribió un poema bastante hermético —que Safranski, biógrafo de Heidegger, considera el de alguien seducido— sobre aquella visita al hermético filósofo en la Selva Negra, titulado precisamente *"Todtnauberg"*.

Volviendo al tema de Adorno, ¿no habría sido más plausible algo así como "después de Auschwitz hacer filosofía al estilo Heidegger será evasión y pura impotencia"? El evasivo silencio a la modesta petición de Celan, que había ido allí a conseguir "la esperanza de una palabra que llegaría", deja esto en evidencia. En cambio, después de Auschwitz la poesía de Celan no solo conserva un significado perdido en el "pensar" de Heidegger, sino que se ha incrementado y nos enseña algunas cosas.

La sentencia de Adorno desvela que aquel dialéctico heterodoxo seguía concibiendo la poesía como un exquisito producto de la civilización. Desaparecida ésta en catástrofes como Auschwitz, nada podía hacer ya por nosotros. Sin embargo la cosa es exactamente al revés y así lo pone de actualidad el destino del poeta palestino Ashraf Fayad, condenado por la autocracia teocrática saudí por el *delito* de apostasía, más bien un título de honor.

Las autoridades saudíes reconocen en el poeta y su obra un enemigo inevitable de su obsceno régimen. Tienen sus motivos, y la acusación de apostasía es un mero pretexto para quitarse de en medio un peligro que tiene que ver con el corazón mismo de la poética, a saber, la libertad de crear, subversiva en un régimen donde se ha decretado que nada pueda crearse *fuera* de palacio (no es un caso de lógica muy distinta, aunque sea mucho más grave, al de la persecución de los comunistas chinos al artista Ai Weiwei: donde se prohíbe crear *fuera* del poder político todo creador deviene activista sospechoso).

Volvamos un poco atrás: después de Auschwitz, y también antes, sólo la poesía puede cumplir la misión de narrar lo inenarrable, sea sublime o pánico. A propósito del Holocausto, Primo Levi advirtió de que no se podía entender ni *explicar* (toda explicación contiene un germen de justificación), pero quedaba el deber de testimoniar, contar y recordar (es lo que otro filósofo, el italiano Giorgio Agamben, llama la "aporía de Auschwitz": la no coincidencia entre hechos y verdad, comprobación y comprensión). Se puede y debe contar pero no comprender. La historia, el periodismo o las ciencias sociales no pueden contar sobre el genocidio algo que vaya más allá de la estadística y los hechos comprobados; comprender no está al alcance de nadie. Los paradigmas descriptivos usuales no sirven para ese viaje al corazón de las tinieblas. Para hacerlo se requiere otro tipo de relato, y el único a la altura del reto es el poético.

Donde la inhumanidad es absoluta solo lo más esencialmente humano puede salvar una referencia con significado. Y esto no es mística ni metafísica ni totalitarismo romántico, es una función del lenguaje natural. El lingüista Roman Jakobson describió el lenguaje y su funcionamiento universal —para cualquier uso y en cualquier lugar y tiempo— como un complejo de seis funciones siempre presentes en alguna medida en todos los actos de habla. Una de ellas es la poética, atenta a la forma y calidad de la elocución. A través de la poética, el lenguaje se vuelve sobre sí mismo pero no para dar con la gramática, sino con el acto —habla— de un autor. Como función, la poética es fundamentalmente libre porque solo está limitada por la inventiva y el sentido del acto de habla. Cuando ocupa el centro, el referente principal del acto de habla ya no es un objeto, sino el sujeto creando libremente, su voz libre de ataduras. El mensaje es mostrar la libertad de crear, experimentarla. Es irreductible, es decir, no se puede *traducir* ni sustituir por una perífrasis o comentario. Esto hace de la poesía, y en general de la literatura y las artes, algo peligroso para las policías del pensamiento. La libertad de creación de Fayad es más peligrosa para los inquisidores saudíes que su supuesta apostasía, porque es un acto de apertura de las prohibidas libertades política y de conciencia.

La irreductibilidad del lenguaje poético lo convierte en el único adecuado para comunicar las experiencias irreductibles, las que solo se pueden mostrar o vivir, no explicarse. Es el único que puede aspirar a narrar lo inenarrable o poner una luz en la máxima oscuridad. De aquí nacen dos tradiciones poético-narrativas plenamente modernas, pues en la modernidad se han cometido los peores crímenes contra la humanidad.

Una es la literatura de testimonio de los supervivientes de la muerte a escala industrial y del genocidio programado, fuera éste nazi, soviético o de cualquier otro país e ideología perturbada. La otra es la poesía de combate. Hay que perfilar bien qué se entiende por esto: la línea que separa el combate poético de la propaganda rimada es delgada y fácil de cruzar. La verdadera no está disponible para cualquier causa o interés, aunque pueda parecerlo. En realidad surge de donde se combate por la vida, por la supervivencia de los hablantes a través del uso emancipador del lenguaje.

Ashraf Fayad es un genuino poeta de combate, como no podía ser de otra manera para un descendiente de refugiados palestinos marginados en la autocracia saudita. Uno de sus poemas, titulado "Los últimos descendientes de los refugiados",[2] dice:

Refugiado: el último de la fila, esperando tu pedazo de
 patria.
Esperar: ya lo había hecho tu abuelo, sin saber por qué.
El pedazo: eres tú.
Patria: un carnet para colocar en la billetera.
Billetes: papeles que llevan el retrato de los jefes.

---

[2] Traducción del árabe de Shadi Rohana y Lawrence Schimel, en *Arabic Literature (in English)*, http://arablit.org/2016/01/14/in-spanish-translation-ashraf-fayadhs-los-ultimos-descendientes-de-los-refugiados/; reproducido en las páginas 13 y ss. de este volumen.

Retrato: ocupa tu lugar hasta que vuelvas a tu país.
El Retorno: un ser mítico, de los cuentos de la abuela.
Se acabó la primera clase.
Vamos a la segunda: tú... ¿qué significas?

Nada más que añadir. Solo esta redonda definición poética de poesía a cargo de un poeta, Francisco Javier Irazoki: "la poesía no es una delicadeza decorativa, sino una intensidad de la mirada que despierta a la conciencia".[3]

---

[3] "Visitantes", *Orquesta de desaparecidos*, Madrid: Hiperión, 2015.

Charo ALONSO

Salamanca, 1967.

Doctora por la Universidad de Salamanca con una tesis sobre
la mexicana Elena Poniatowska, ejerce como profesora de
literatura. Ha escrito en diferentes medios periodísticos de su
ciudad y ha publicado numerosos estudios académicos sobre
literatura de mujeres. Es autora de la biografía novelada *Dama
Luna* (2015), en la que se recrea la vida de la heroína
modernista Inés Luna Terreros.

ESCRIBEN EN TU ESPALDA CON DEDOS DE SANGRE

Lee en el nombre de tu Señor que te ha criado las marcas que dejan mis dedos en tu piel. Los renglones torcidos del deseo, los arabescos de encaje que tiene la lengua más elocuente...

Mientras acaricio tu espalda, las dunas de piel del desierto se alzan con el viento de mis dedos y mi boca horada un oasis donde no hay más que callada levedad. Solo silencio en la ondulada planicie suave de arena cálida y piel con brillos de mica. Escribo sobre ti la sura de un amor a la luz del deseo. Escribo para ti con las uñas que horadan y las yemas que acarician, y el poema se curva de derecha a izquierda bordando los bordes del costado que es margen.

Escribo la caricia que no te he dado.

Recorro las dunas donde me he extraviado ahí donde la caravana del amor inició la marcha... recorrido de huellas en forma de letra llegada de secretos alfabetos. Alifatos de amor sobre la piel desnuda. Cálamo que acaricia la piel curtida sobre la que escribo un texto tejido de sudor.

Se borrarán los signos cuando brote la sangre.

Y no me dejarán enjuagar los renglones que manan y el desierto tendrá un ocaso de fuego, allá en la hora del *Maġrib* donde el dolor se pone, y será solo piel el mundo que habitamos.

David TORRES

Madrid, 1966.

Escritor, novelista y columnista de prensa, ha publicado, entre otros títulos, las novelas *Nanga Parbat* (1999), *El gran silencio* (2003), *El mar en ruinas* (2005), *Niños de tiza* (2008), *Punto de fisión* (2011) y *Todos los buenos soldados* (2014); los libros de narraciones *Donde no irán los navegantes* (1999), *Cuidado con el perro* (2002) y *Dos toneladas de pasado* (2014); el poemario *Londres* (2003); el libro de viajes *La sangre y el ámbar* (2006); los libros de asunto deportivo *Los huesos de Mallory* (2000, con Rafael Conde) y *Robando tiempo a la muerte* (2006, con Sebastián Álvaro); y la recopilación de retratos literarios *Bellas y bestias. Retratos del natural* (2008). Ha obtenido diversos galardones, entre los que destacan el Logroño de Novela, el Tigre Juan, el Dashiell Hammett de la Semana Negra de Gijón y el Desnivel de Narrativa; también fue finalista del Premio Nadal. Es columnista habitual del diario digital *Público*, colaborador de *El Mundo-El Día de Baleares* y profesor de literatura en Hotel Kafka.

JEDWABNE

Nunca había oído hablar de Jedwabne. En el barrio de Singer, en Cracovia, Aska me contó la historia de aquella aldea, cerca de Bialystok, donde, un día de julio de 1941, la mitad de los habitantes del pueblo se alzó contra la otra mitad. Los católicos masacraron a sus vecinos judíos, más de mil seiscientas personas con las que habían convivido en paz durante siglos, y lo hicieron ante la indiferencia de la guarnición nazi que alentó la carnicería sin tomar parte en ella. Los soldados alemanes sólo se divirtieron, aplaudiendo, tomando fotografías, mientras los cabecillas polacos iban matando a los judíos indefensos a golpes, a pedradas, a cuchilladas, a hachazos. Empezaron por los hombres, los más jóvenes y fuertes, luego siguieron con las mujeres, los ancianos y los niños. Les obligaron a cavar fosas para los muertos y para ellos mismos, les obligaron a cantar y a desfilar, a la vista de todo el pueblo mientras los insultaban y los humillaban. Por último, metieron a todos los que quedaban en un pajar, cerraron las puertas y los quemaron vivos.

Muy pocos lograron escapar de aquella horda de bestias enfurecidas. Sólo una familia católica, los Wyrzykowski, se atrevió a ocultar en su granja, con riesgo de su propia vida, a siete de sus vecinos judíos. Lo peor de todo es que, después de la guerra, los Wyrzykowski tuvieron que marcharse del pueblo ante el acoso implacable de las mismas alimañas que habían acuchillado a mujeres embarazadas y pateado hasta la muerte a ancianos inválidos. También ante el silencio cómplice de los mismos cobardes que habían coreado la matanza, de los que simplemente habían callado, se habían refugiado en sus casas, habían mirado hacia otro lado.

El pájaro pintado, de Jerzy Kosinski, narra el peregrinaje solitario de un crío por toda la Polonia ocupada. El pequeño tiene la piel morena y los ojos oscuros. Los polacos con los que va tropezando en su camino, de ojos claros y pelo rubio, ni siquiera saben si es gitano o judío. En cualquier caso, no es como ellos. El destino del pequeño repite el vuelo del pájaro pintado, una bárbara costumbre que Kosinski había visto muchas veces durante su infancia. A veces, por divertirse, un aldeano polaco capturaba un pájaro, le pintaba las plumas de brillantes colores y lo soltaba de nuevo. El pájaro regresaba a su bandada, pero los otros pájaros, extrañados ante el color del intruso, lo atacaban y lo picoteaban hasta matarlo.

Las escenas de brutalidad y sadismo de la novela son casi insoportables. El niño huye de aldea en aldea, siempre golpeado, maltratado y humillado por los brutales campesinos polacos. Muy pocos le ayudan; uno de los pocos, es un soldado alemán a quien le han ordenado pegarle un tiro. El soldado lo lleva lejos, hasta las vías del tren, y allí le hace señas para que escape corriendo. Luego se tapa los ojos con las manos, como si estuviera jugando al escondite.

Kosinski aseguró que el libro estaba basado en experiencias personales vividas durante la guerra y eso le costó insultos y descalificaciones de todo tipo. En un momento dado, se echó atrás, admitió que no eran vivencias suyas, sino cosas que había oído contar, testimonios directos de amigos y conocidos. La crítica tachó el libro de exagerado, enfático y falso de los pies a la cabeza. En los Estados Unidos, donde se había exiliado, le reprocharon la visión idealizada de los soldados soviéticos. En su Polonia natal, criticaron la traición a su país, el abandono del polaco por el inglés y la caricatura despiadada del campesinado polaco durante la guerra. Por el contrario, algunos de sus antiguos compañeros de colegio que lograron hacerse con ejemplares clandestinos de *El pájaro pintado*, dijeron que, al lado de lo que habían pasado ellos durante la guerra, el libro era una novela rosa escrita a tono con la sensibilidad del público estadounidense. Las autoridades comunistas llegaron a acosar a la anciana madre del escritor, quien tuvo que recurrir a organizaciones internacionales para pedir ayuda. En el prólogo que escribió más de una década después, en 1976, Kosinski relata la visita de dos indignados emigrantes polacos que fueron a visitarlo a su apartamento en Nueva York, para propinarle una paliza con tubos de hierro. Escapó por los pelos, pero tanto el libro como el escritor acabaron convirtiéndose, durante años, en dos apestados, dos pájaros pintados picoteados por bandadas de congéneres furibundos.

Cuando salimos de Singer ya era noche cerrada. El silencio se había adueñado de las calles nevadas. Había luz en algunas ventanas, pero el resplandor que latía tras los postigos y los haces amarillentos de las farolas sólo arañaban la negrura. Mientras regresábamos a pie hacia el casco viejo, le conté a Aska mi propio aprendizaje del oprobio, las mezquinas torturas que habían ensayado conmigo los abusones de mi barrio, los largos años en que yo también fui un pájaro pintado. En la curva del Vístula, el agua congelada se disgregaba a nuestro paso bajo la mole impávida del castillo de Wawel. A lo largo del territorio polaco, más de tres millones de judíos vivían en paz antes de la llegada de los nazis. En la mayoría de los casos no estaban integrados socialmente, es decir, eran libres de conservar sus costumbres, sus largas barbas, podían ejercer su fe junto a sus vecinos católicos. La invasión alemana subrayó las diferencias entre ambas comunidades, inflamó el odio latente, disparó los mecanismos de la delación, la codicia y el miedo. Los soldados alemanes de la guarnición de Jedwabne no fueron simples observadores inocentes: su mera presencia (ya que no la orden directa) reclamaba el asesinato.

—Para convivir con verdugos —le dije a Aska— sólo hay dos caminos: o te conviertes en víctima o te haces verdugo. Bueno, hay un tercer camino, pero es muy difícil ser un héroe. Durante mi infancia, yo fui víctima muchas veces. Después acabé de bufón: los chicos mayores se reían de mis gracias, empecé a caerles bien. Un día, tendría yo ocho o nueve años, llegó un niño nuevo al barrio. Era muy tímido, muy callado. No recuerdo quién empezó, si alguno de mis amigos, mi hermano o yo mismo. El caso es que un día lo cogimos entre todos, lo llevamos hasta un portal y le dimos una paliza. Recuerdo cómo gritaba, cómo se protegía la cabeza con las manos, mientras nosotros le insultábamos y nos reíamos en su cara. Por último, cuando ya no podíamos darle más, porque no era más que un guiñapo magullado y tembloroso, le escupimos, le llenamos de salivajos de los pies a la cabeza.

Dejamos atrás el río, nos internamos en una zona híbrida de la ciudad, antes de llegar a la Edad Media. Las palabras salían envueltas en placentas de vaho.

—Aquel chaval no estuvo mucho tiempo en el barrio. Poco antes de irse, hicimos las paces. Había pasado algún tiempo y yo ya había borrado aquella infamia de mi memoria. Delante de él y de mi padre, mi hermano y yo confesamos: "Es verdad que te pegamos". Él corrigió, y nunca olvidaré su tono, limpio de rencor, pero buscando la exactitud, la verdad absoluta: "Me pegasteis y me escupisteis", dijo —Aska caminaba en silencio, yo preferí no mirar su cara—. Cuando empezamos a golpearlo, no se defendió. Sólo se tapó la cabeza con las manos, chillando: "¿Por qué? ¿Qué os he hecho? ¿Qué os he hecho?" Es curioso, nunca había pensado en todo eso hasta que me has contado lo de Jedwabne. Nunca le di la mayor importancia, no éramos más que chavales. No es un recuerdo que me atormente, nada que me quite el sueño por las noches. Su rostro no se me aparece de cuando en cuando en alguna pesadilla. Ni siquiera recuerdo su nombre.

(*La sangre y el ámbar*)

Eduardo MOGA

Barcelona, 1962.

Vive en Mérida. Ha publicado poemarios, antologías de poesía, libros de viajes, compendios de ensayos y diarios. Ganó el Premio Adonáis con *La luz oída* en 1995. Practica la crítica literaria en medios como *Letras Libres*, *Cuadernos Hispanoamericanos*, *Quimera* y *Turia*. Ha traducido a Frank O'Hara, Yoel Hoffmann, Évariste Parny, Carl Sandburg, Charles Bukowski, Richard Aldington, Billy Collins, Tess Gallagher, Ramon Llull, Arthur Rimbaud, William Faulkner y Walt Whitman.

Sus títulos de poesía son *Ángel Mortal* (1994), *La luz oída* (1996), *El barro en la mirada* (1998), *El corazón, la nada* (1999), *Unánime fuego* (1999, 2007), *La montaña hendida* (2002), *Las horas y los labios* (2003), *Soliloquio para dos*, en colaboración con José Noriega (2006), *Los haikús del tren* (2007), *Cuerpo sin mí* (2007), *Seis sextinas soeces* (2008), *Bajo la piel, los días* (2010), *El desierto verde* (2011, 2012), *Insumisión* (2013), *Décimas de fiebre* (2014), *El corazón, la nada (Antología poética 1994-2014)* (2014) y *Dices* (2014).

Además ha firmado los libros de viajes *La pasión de escribil* (2013) y *Corónicas de Ingalaterra. Un año en Londres (con algunas estancias en España)* (2015); los libros de crítica literaria *De asuntos literarios* (2004), *Lecturas nómadas* (2007), *La poesía de Basilio Fernández: el esplendor y la amargura* (2011) y *La disección de la rosa* (2015); y las antologías *Los versos satíricos. Antología de poesía satírica universal* (2001), *Poesía pasión. Doce jóvenes poetas españoles* (2004), *El poeta esteta. Florilegio de poesía pectoral* (2010) y *Medio siglo de oro. Antología de la poesía contemporánea en catalán* (2014).

ALÁ NO ES GRANDE

*Dedicado a Ashraf Fayad y a todos los que sufren
persecución por sus creencias o descreencias.*

Alá no es grande, ni mediano, ni pequeño; no es bueno
ni malo; no es justiciero ni misericordioso, clemente ni
compasivo: Alá no es nada, porque Alá no existe. Como
todos los dioses, es una creación de los hombres para
hacer más soportable su vida y, sobre todo, su muerte.
Dos musulmanes, sin cerebro ni alma, han asesinado en
París, al grito de *Allahu akbar*, a doce personas: dibujan-
tes, periodistas, administrativos y policías. Vengaban así,
al parecer, las reiteradas ofensas de la publicación en la
que trabajaban a su Dios y a Mahoma, su profeta. Islam
significa *sumisión*, y estos energúmenos estaban cierta-
mente sometidos: a la ceguera de la creencia, a la irracionalidad de lo descabellado, a la violencia de la jerarquía y el credo. Yo creo, por el contrario, en la insumisión, y así he titulado uno de mis últimos poemarios: una
insumisión luciferina contra la sinrazón, contra la mentira, contra la ebriedad de los consuelos sobrenaturales,
contra las verdades reveladas, contra las verdades únicas. Contra todos estos lastres de lo humano, de su de-
bilidad y su ignorancia, no hay ofensas: hay un deber in-
declinable de crítica. La ofensa es el nombre que los fanáticos dan a lo que cuestiona su fanatismo. Todo sistema de creencias —y, sobre todo, aquellos que articulan
sociedades, como sucede en la mayoría de los países musulmanes, en muchos de los cuales rige la *sharia*; otros
son teocracias— ha de poderse discutir; toda idea ha de
ser susceptible de crítica; en último extremo, de todo

hemos de poder reírnos, hasta de la idea de reírnos de todo. A mí me ofenden las prácticas religiosas, tanto del Islam como del Cristianismo, como de cualquier otra doctrina: me ofende su machismo, su homofobia, su subordinación a lo invisible y lo inverificable, su alianza con los corruptos y los autócratas; me ofende su hipocresía, su pederastia, su certeza de tener razón, su convicción en lo inmutable; me ofende que sus practicantes sigan fieles a dogmas, preceptos y ritos que se inventaron pastores palestinos hace 2.000 años o camelleros árabes hace 1.400; me ofende que se crea en un Dios —que se haya creado un Dios— que permite que sus creyentes asesinen, en su nombre, a otros seres humanos. Me ofende casi todo de las religiones, pero he de aguantarme, porque ellas también forman parte de lo humano y porque no puedo negar el derecho de nadie a pensar —es un decir— como quiera. Lo que no estoy dispuesto a hacer es a callarme. Ni un paso atrás en la libertad de expresión. Por eso, ¡viva la blasfemia! Dan ganas de salir a la calle y gritar: "¡No hay Dios! ¡Dios no existe! Abandonad, de una vez por todas, esa creencia perniciosa y estúpida y asumid la incertidumbre, la fragilidad, la caducidad de nuestra naturaleza: lo que nos hace, de verdad, seres humanos". En la prensa española de los días siguientes al atentado de París, los intelectuales de guardia se han apresurado a restar importancia al factor religioso para explicar el crimen: no ha sido la religión, sino el fanatismo (Francesc de Carreras); no ha sido la religión, sino la política (José Ignacio Torreblanca); no ha sido la religión, sino todo lo demás (Luz Gómez). Pero los asesinos no salieron de la sede del *Charlie Hebdo* al grito de "¡Abajo el capitalismo!", "¡Muera el judaísmo!" (aunque esto se da por supuesto) o "¡Viva yo!"; salieron gritando: "¡Alá es grande!" Nadie se ha atrevido a decir que, si estos salvajes han sido capaces de liquidar a sangre fría a doce de sus semejantes (como en su momento otros, más bárbaros aún, mataron a 3.000 en las Torres Gemelas), ha sido, en buena parte, porque estaban imbuidos del odio al que conduce la convicción de poseer la verdad eterna, una verdad que solo transmiten las religiones, expertas en dar respuesta a todo cuanto puede conturbar nuestra existencia y, lo que es aún mejor, en garantizar supervivencias extraterrenas, bien sea rodeados de beatitudes angélicas o de huríes con poca ropa. Hay otros factores, sin duda, que contribuyen a la gestación y ejecución de un acto tan sanguinario; y hay muchos creyentes, musulmanes y católicos, que en su vida matarán a una mosca. Pero la religión es un fulminante siempre dispuesto a estallar, porque no atiende a la razón, sino a las tripas, y las tripas sirven para alimentarnos, pero también para expulsar el vómito y la mierda. La religión es, y seguirá siendo siempre, un combustible muy destructivo que puede transformar cualquier conflicto político o social en un debate sobre lo más íntimo de las personas: su razón de estar en el mundo y su esperanza de estar en el siguiente. No: Alá no es grande. Alá no existe.

SI INSULTA A MI MADRE, LE ESPERA UN PUÑETAZO

Eso ha dicho el Papa a raíz de los atentados contra *Charlie Hebdo* en París: "Si alguien dice una grosería contra mi madre, le espera un puñetazo". El papa bueno, el epónimo y heredero de San Francisco de Asís, la reencarnación de Juan XXIII, el rostro amable de la Cosa Nostra vaticana, se ha quitado la careta y ha justificado, así, los crímenes yihadistas, aunque haya antes abominado, formulariamente, de quienes matan en nombre de Dios (una actividad en la que la Iglesia es experta: sus creyentes se han pasado siglos liquidando a sus semejantes en nombre de Cristo). En realidad, es lógico: por suaves que sean las formas, nadie que sea Papa puede opinar de otro modo. Pero a veces las formas nos confunden. Tampoco cabía otra opinión en quien comparte el monoteísmo de los criminales y su enajenación última: la enajenación de la razón y la exaltación de la fe, culpable de las mayores atrocidades. La cabeza de los católicos del mundo hace la misma operación dialéctica que suelen practicar quienes comparten su punto de vista: identifica a la Iglesia con la madre, e impide así cualquier alusión o reproche. Pero es una maniobra tan grosera como falaz: la Iglesia, o el Islam, no son madres, porque no son personas. La Iglesia, el Islam y todas las religiones establecidas son conjuntos de creencias, inspiradas en libros o cuerpos dogmáticos, a las que las personas otorgan su adhesión (por lo general, acríticamente: los creyentes de cualquier confesión lo son porque sus padres se la han inculcado de niños). La ferocidad de esta adhesión –que en algunos casos, como hemos visto en París, y antes en Nueva York, Londres o Madrid, es asesina– no modifica la naturaleza de esas creencias: no las hace personas. Y son las personas las que tienen derecho al honor, a no ser calumniadas, a no ser insultadas, porque solo ellas están revestidas de dignidad humana. Los conjuntos doctrinales no son titulares de derechos ni obligaciones: son solo conjuntos doctrinales, que vinculan a quienes los suscriben, pero que no generan obligación alguna para quienes los desdeñan, ni siquiera la obligación de respeto, que queda al albur de la noción de urbanidad que cada cual abrigue. Los sistemas de creencias, de cualquier naturaleza, y, en particular, aquellos que configuran relaciones de poder, esto es, que estructuran sociedades (o que determinan las relaciones interpersonales en otras donde no son mayoritarias, como, por ejemplo, cuando me veo obligado a hablar con alguien sin verle la cara, porque su religión prescribe que ha de ir tapado de la cabeza a los pies), no solo pueden ser criticados, sino que *deben* ser criticados: no hay lucha contra la injusticia que no haya pasado por la oposición a un sistema de creencias consolidado que, en muchos casos, sostenía lo que ahora esgrimen el Papa y sus homólogos islámicos: que no se puede ofender a lo que tan importante es para tantos. La alegación de la ofensa es la gran coartada de los irracionales para que nadie ponga en tela de juicio su irracionalidad: "eso que dices", afirman, indignados, "me hiere. No lo digas, pues". Pero lo mismo podría alegar cualquiera que sostuviese que la Tierra es plana, o que Elvis Presley vive en una isla del Pacífico, o que el dios Osiris rige nuestros destinos, o que ETA causó la matanza del 11-M. La ofensa no puede ser la vara de medir del debate público, porque su estricta subjetividad impide el diálogo –y solo el diálogo impide que dirimamos nuestras diferencias a garrotazos– y porque las ideas, las meras ideas, no pueden suscitar ofensas, que son sentimientos. Tras los atentados de París, la gran mayoría del mundo musulmán, tras reprobar oficialmente los atentados, se ha manifestado en contra de los *insultos* de *Charlie Hebdo* al Islam, expresados en forma de viñetas que representaban, crítica o jocosamente, a Dios y al profeta Mahoma. Esta vez, por fortuna, la reacción no ha sido equiparable a la que se produjo cuando, hace varios años, otra revista satírica, danesa, también dibujó al profeta. Entonces los hijos de Alá, para demostrar que los musulmanes no eran violentos, como sostenía la revista, mataron a cien personas, hirieron a quinientas, y quemaron varias iglesias y embajadas. Ahora la respuesta ha sido más templada, aunque no han faltado las manifestaciones agresivas contra Occidente, los judíos, la prensa, la libertad de expresión y la muerte de Manolete. Aunque en los países cristianos todavía se dan agresiones contra películas u obras de teatro antirreligiosas, son muy minoritarias, y hay que reconocer que la Cristiandad ha evolucionado más que el mahometanismo: mientras ella ha superado, aunque muy contra su voluntad, un Siglo de las Luces —que, como argumentaba hace poco José Luis Pardo en *El País*, ha cancelado la obligación de pertenecer a comunidades obligatorias de creencias—, el Islam sigue en el siglo VIII: es una ideología medieval en un tiempo cibernético. El cedazo de la Ilustración no ha corregido su asilvestramiento, ni modernizado su rusticidad doctrinal, deudora de una cultura del desierto y un espíritu guerrero. Si a sus fieles se les quitan los objetos de la modernidad —gafas, móviles, kaláshnikovs—, parecen talmente, en ideas y apariencia, compañeros de Mahoma. Así pues, y desmintiendo la idea bienintencionada, esgrimida por muchos intelectuales occidentales, de que la religión no había sido determinante en los atentados de París —cuyas causas había que buscarlas en la política internacional, o en el racismo, o en la pobreza de los barrios marginales de las ciudades europeas—, muchos de sus pares islámicos y de los manifestantes en las calles de Teherán, Cairo o Jartum han alegado lo mismo que ha sostenido el Papa: que dibujar al profeta constituye una ofensa máxima, y que lo rechazan con toda energía, aunque, por suerte, no con tanta como la demostrada por los hermanos asesinos o por aquel otro valiente que entró poco después en un supermercado *kosher* y mató a cuatro indefensos ciudadanos; es decir, lo que sustenta la actuación de Al Qaeda contra *Charlie Hebdo* es un precepto religioso: no está permitido representar a Dios ni a Mahoma, una prohibición que a mí se me antoja absurda, y cuya vinculación con el amor a Dios que puedan sentir esas gentes no encuentro por ningún lado, pero que para ellos es más relevante que la vida de dieciséis personas. En su intento de justificación de esa postura —no me atrevo a llamarla idea—, los islamistas han esgrimido también otro argumento muy socorrido: el carácter selectivo, es decir, hipócrita, de la libertad de expresión en Occidente. Si en muchos países europeos se prohíbe la negación pública del Holocausto, e incluso se castiga con penas de cárcel a quienes la sostengan, ¿por qué no se prohíbe la representación de las figuras sagradas del Islam, o cualquier otro de sus preceptos, que tan importantes son para millones de personas? La respuesta es sencilla. En realidad, son dos: por una parte, el Holocausto es un hecho histórico, objetivo, documentado y verificable; la prohibición de la representación antropomórfica de los seres divinos, en cambio, es una disposición doctrinal, establecida en textos propios de culturas particulares o mediante interpretaciones asimismo particulares que no se fundamentan en sucesos constatables. Por otra, y más importante, el Holocausto supuso la deportación, la tortura y la muerte de millones de personas, es decir, generó un sufrimiento mensurable, de naturaleza física y moral, en seres concretos, y en sus allegados y descendientes, mientras que dibujar a Alá o a Mahoma solo supone una perturbación emocional en quienes han abrazado una fe para la que dibujar a Alá o a Mahoma es un pecado. Es justo evitar que se siga infligiendo sufrimiento a los que padecieron la barbarie nazi, o a sus descendientes, mediante la negación de que ese sufrimiento haya existido: decir a alguien cuyo abuelo fue gaseado en Auschwitz que el gaseamiento de los judíos es una falsedad inventada por el sionismo internacional reproduce la crueldad del asesinato. Pero no es injusto permitir que quien crea que Alá o su profeta inspiran actos injustificables de terrorismo, como parece ser el caso, lo exponga públicamente. Tanto el Papa como los capitostes del Islam sostienen que la libertad de expresión debe tener límites. Pero es que ya los tiene, y nadie, que yo sepa, aboga por lo contrario; lo que pasa es que esos límites no coinciden con los que a ellos les gustaría que se implantaran. La libertad de expresión no ampara a quien grita "¡fuego!" en un cine lleno de público, sin que haya fuego; o a quien llama públicamente a asesinar a los judíos (o a los musulmanes); o a quien denuncia que alguien ha matado con una motosierra a otro, sin ser verdad; o a quien califica de "hijo de puta" a otra persona. En los dos primeros casos, lo expresado puede herir o causar la muerte de individuos concretos; en los dos últimos, se daña su reputación o su honor, algo que puede tener graves consecuencias en su hacienda, su vida familiar o su consideración social, esto es, algo que puede perjudicar irreparablemente su estar en el mundo, su existencia y su bienestar. En todos los supuestos, hablamos de quebrantos físicos, materiales o morales de personas con nombres y apellidos, no de vejaciones a una idea establecida en un texto sagrado o en los dictados de los clérigos, que no afectan a las condiciones de vida de quienes la comparten. En cualquier caso, esas agresiones, si se producen, habrán de ventilarse en los tribunales, donde sus presuntos ejecutores y sus víctimas deberán exponer los argumentos que los asisten y solicitar que un juez los apruebe. Tomarse la justicia por la propia mano no es tolerable en una sociedad civilizada. Y menos cuando el supuesto insulto ha sido la crítica de un

mandamiento tan estúpido como suelen abundar en todas las religiones.

(Del blog *Corónicas de Ingalaterra*, 10 y 19 de enero de 2015)

Estrella SÁNCHEZ MARCOS

Salamanca, 1967.

Es licenciada en Filología Hispánica y máster en Libros y literatura para niños y jóvenes. En la actualidad trabaja como bibliotecaria en su ciudad natal. Recibió el Premio Letras Jóvenes por el poemario titulado *Gacelas y bisontes* (1994). Ha participado en algunos libros colectivos de poesía y antologías, como *Hundir el hocico en las heridas. Seis encuentros* (1995) y *Poeti Europei. Antologia* (1998). Participó en la coordinación de las exposiciones *Vallejo: cien años de sér* (1992) y *Los ojos que vieron el siglo: nuestros abuelos* (1998).

INVIERNO

Para Ashraf Fayad

Ahora que es primavera,
en tu ciudad nieva.

No es tanto porque estés
al otro lado de la tierra
ni siquiera porque estén pasando
cosas tristes que no volveremos a decir
¿te acuerdas de la golondrina?

Nieva sólo porque yo
he elegido el invierno para este poema
o estas letras o palabras que serán
poemas
hojas de hierba
copos de almendro bajo tus pies.

Elegí finalmente la estación del frio
la guerra en Bagdad, aquella estación
¿y qué más?
no hace falta recordar la metralla
flores blancas
ni siquiera es preciso que pasen cosas tristes
para que se ponga a nevar sin solución

mientras
tú caminas por la hierba, o yo
o mi corazón lleno de escarcha

Mañana, sin embargo,
hará buen tiempo, a mí
tampoco me gusta la nieve.

Ezequías BLANCO

Paladinos del Valle, Zamora, 1952.

Reside en Getafe (Madrid), donde dirige desde hace muchos años la prestigiosa revista *Cuadernos del Matemático*. Tiene publicados los siguientes libros de poemas: *Limitación del vuelo* (1979), *Palabras de la Sibila* (1992, 2000), *En medio del desierto* (1996), *Archivo de imágenes-Imágenes de archivo* (1999), *Objetos del amor lejano* (1999, 2005), *Los caprichos de Ceres* (2004, 2007), *Otras tribus urbanas* (2007), *Construirte un abismo* (2008), *Una ceja de asombro (2010)*, *Doce musas* (2012) y *La realidad desentendida (Antología 1978-2012)* (2013). También ha publicado los libros de relatos *Memorias del abuelo de un punk* (1997, 1998) y *Tienes una cabeza apuntando a tu pistola* (2009); y las novelas *Tres muñecos de vudú* (2001) e *Islandia, 2004* (2007). Realizó una edición crítica de *Las aventuras de Pinocho* (2004).

LOS CÓLICOS DE LA JUSTICIA

La suerte es ciega la justicia es ciega
el amor es ciego... Nunca le satisfacían
a Yahvé las ofrendas de Caín...
Descienden de las cumbres las garras de las águilas
a la tierra fecundada por nuestros antepasados.
Con sol y arcilla asoma cada historia:
"Ashraf Fayad escritor de poemas
 y comisario artístico ha sido condenado
por ateísmo y obscenidad
a cuatro años de prisión que acabaran en muerte...
Gracias a la enorme repulsa
que ha generado la noticia
la pena ha sido conmutada
por ocho años de prisión más ochocientos latigazos."
La justicia tiene a veces cólicos menstruales.
La resignación las atropellos las pistolas...
No he dicho a nadie todavía
que estoy a punto de llorar.

Félix DE AZÚA

Barcelona, 1944.

Catedrático de Estética en la Universidad Politécnica de Barcelona, escritor y traductor. Ha recibido los siguientes galardones: Premio Sebetia-Ter (2000), Premio a la Tolerancia (2001) y Premio César González-Ruano de periodismo (2012). En 2015 ingresó en la Real Academia Española.

Fue incluido por José María Castellet en la antología *Nueve novísimos poetas españoles* (1970); es autor de los poemarios *Cepo para nutria* (1968), *El velo en el rostro de Agamenón (1966-1969)* (1970), *Edgar en Stéphane* (1971), *Lengua de cal* (1972), *Pasar y siete canciones* (1977) y *Farra* (1983), así como de varias recopilaciones de su obra lírica, la última de las cuales es *Última sangre (Poesía 1968-2007)* (2007).

Como narrador ha firmado *Las lecciones de Jena* (1972), *Las lecciones suspendidas* (1978), *La venganza de la verdad* (1978), *Última lección* (1981), *Mansura* (1984), *Historia de un idiota contada por él mismo o El contenido de la felicidad* (1986), *Diario de un hombre humillado* (1987, Premio Herralde), *El trencadizo* (1989), *Cambio de bandera* (1991), *El largo viaje del mensajero* (1991), *Demasiadas preguntas* (1994) y *Momentos decisivos* (2000).

Ensayista prolífico, ha publicado *Conocer Baudelaire y su obra* (1978), *La paradoja del primitivo* (1983), *El aprendizaje de la decepción* (1989), *La Venecia de Casanova* (1990), *Baudelaire y el artista de la vida moderna* (1992), *Salidas de tono. 50 reflexiones de un ciudadano* (1997), *Lecturas compulsivas. Una invitación* (1998), *La invención de Caín. Ciudades y ciudadanos* (1999), *Diccionario de las Artes* (2002), *Cortocircuitos. Imágenes mudas* (2004), *La arquitectura de la no-ciudad* (2004), *Esplendor y nada* (2006), *Abierto a todas horas* (2007), *Ovejas negras* (2007), *La pasión domesticada. Las reinas de Persia y el nacimiento de la pintura moderna* (2007), *Autobiografía sin vida* (2010), *Diccionario* de *las Artes* (2011), *Autobiografía de papel* (2013, Premio Caballero Bonald 2014) y *Contra Jeremías. Artículos políticos* (2013).

Ha traducido a T. S. Eliot, Diderot, Beckett, Valéry y Novalis.

INCORRECCIÓN

Desde luego, sin la menor duda, no puede ser un "choque de civilizaciones", porque sólo hay una civilización, la del capitalismo y su ejército de máquinas. Habrá países con más microondas y otros con menos neveras, pero nadie escapa a la civilización de la técnica. Y nadie divisa la menor alternativa.

Tampoco puede ser un "choque de culturas", porque no existe tal cosa como una "cultura cristiana" o una "cultura islámica", sino miles de sociedades autistas, como mónadas sin ventana. Incluso en una sociedad diminuta como la de España, buen número de vascos y catalanes dicen no tener nada que ver con la "cultura española". Y llevan camino de conseguirlo.

¿"Choque de religiones", entonces? ¡Nada más absurdo! El mahometano filipino, el del Yemen y el negro de Washington seguidor de Cassius Clay no tienen apenas nada en común, aunque se ilusionen creyendo compartir un dios y una vida extraterrestre. Tampoco el ecónomo de Valladolid se parece mucho a Teresa de Calcuta.

Y, sin embargo, no podemos reducirlo al capricho de un puñado de terroristas enloquecidos. Al contrario. Se trata, más bien, de gente con estudios superiores, que han bailado el rock y bebido *champagne*, occidentalizados. Se diría que, precisamente por haber conocido la vida secular y agnóstica, hubieran reaccionado más ferozmente contra ella.

Así que quizás sea ésa la diferencia real y el choque verdadero. La que se da entre sociedades gobernadas por clérigos y las administradas por laicos. Ese choque sí me parece real, y seguramente tiene cierta relevancia.

En una entrevista concedida años antes de saltar por los aires, el almirante Carrero aseguraba que él prefería un mundo destruido por la bomba atómica a un mundo sumido en el pecado. El almirante Carrero, como los clérigos misóginos de Afganistán, como los teólogos del Gobierno de Sharon, como los curas energúmenos del carlismo vasco, son la verdadera diferencia y el verdadero choque que podemos reconocer.

Y si así fuera, la solución es sencilla, aunque políticamente incorrecta: anticlericalismo, desde la escuela, anticlericalismo.

(*El País*, 10 de octubre de 2001; recogido en *Esplendor y nada*)

Félix OVEJERO

Barcelona, 1957.

Es profesor de Ética y Economía en la Universidad de
Barcelona. Ensayista y articulista, es autor de *De la naturaleza a
la sociedad* (1987), *Intereses de todos, acciones de cada uno*
(1989), *La Quimera fértil* (1994), *Mercado, ética y economía*
(1994), *Las razones del socialismo* (2001), *La libertad inhóspita*
(2002), *Nuevas ideas republicanas. Autogobierno y libertad* (2004),
Contra la epistemología indiferente (2003), *El compromiso del
método* (2004), *Proceso abierto. El socialismo después del
socialismo* (2005), *Contra Cromagnon. Nacionalismo, ciudadanía,
democracia* (2007), *Incluso un pueblo de demonios: democracia,
liberalismo, republicanismo* (2008), *La trama estéril* (2011) e
¿Idiotas o ciudadanos? el 15-M y la teoría de la democracia (2013).

OPINIONES PROHIBIDAS

El busilis no está en si cabe prohibir opiniones, sino en su por qué. Hay muchas prohibiciones que damos por buenas porque damos por buenos los principios que las justifican. Para empezar, no debemos olvidar lo básico: la ley (justa) es la garantía de la libertad, la que impide el poder arbitrario. La libertad republicana se levanta sobre la prohibición de las órdenes del déspota. La libertad y la democracia son la vara de medir. También cuando se trata de limitar informaciones y opiniones.

Es cierto que algunas prohibiciones resultan controvertidas. En Estados Unidos los sutiles debates en torno a la quema de la bandera, la publicidad negativa, el racismo explícito, el negacionismo o la pornografía llevaron a contraponer la libertad de expresión con cosas muy importantes, como la protección de la dignidad de las mujeres o la conveniencia de combatir la incitación al odio. En otras ocasiones, todo resulta más sencillo y no vemos problemas en controlar la difusión de información, como sucede cuando se persiguen delitos como sobornos y amenazas, se castiga la información fraudulenta (en alimentos, medicamentos, tratamientos), falsa (a sabiendas, el perjurio) o peligrosa, aunque veraz (la fabricación de bombas, el domicilio de personas amenazadas). También parece sensato regular el acceso a cierta información, como sucede con la prohibición de emitir algunos contenidos en horarios con audiencia infantil. Salvo para los taurinos.

Con tales prohibiciones protegemos cosas que nos importan, incluida la libertad para opinar. Por eso estaba justificado perseguir a quienes difundían las amenazas de ETA o los domicilios de los concejales constitucionalistas en el País Vasco. No hay libertad cuando el ejercicio de los derechos necesita heroísmo en los ciudadanos. La libertad de expresión, el blindaje de la libertad individual, la protección de la pluralidad, esto es, la preservación de la democracia, pueden requerir intervenciones (leyes) que garanticen la veracidad, el respeto a las personas, la posibilidad de réplica, la presencia de los distintos puntos de vista en los distintos sitios. Intervenciones que, en ocasiones, exigen minimizar el ruido informativo, sobre todo, cuando resulta monótonamente unidireccional.

En nombre de los mismos principios muchas constituciones de "democracias militantes", explícitamente, impiden la existencia de partidos políticos racistas, sexistas o secesionistas, que defienden que una parte de la comunidad política (blancos, varones o con una peculiar identidad cultural) puedan adoptar decisiones para limitar los derechos de sus conciudadanos. Quizá no prohíben las ideas (libros, artículos, etc.), pero sí convertirlas en proyectos políticos. Por lo mismo, para garantizar la democracia, cualquier ideología política o concepción de mundo puede ser objeto de crítica y hasta de burla. Podemos reírnos de Lenin, Jefferson, la democracia, el liberalismo o el fascismo.

Aunque en los detalles todos estos asuntos se complican, casi nadie discute lo dicho hasta aquí. Casi nadie, hasta que aparece la religión, especialmente en los últimos tiempos, después de las amenazas y los asesinatos a cuenta de las caricaturas de Mahoma. Algunos consideran que se deben prohibir ciertas prácticas que juzgan ofensivas –o "blasfemas"– para creencias que inspiran, que dotan de sentido, la vida de muchas gentes.

Lo interesante es que se pide una protección "especial". Una protección que no alcanzaría, por ejemplo, a devotos de *Star Trek*. Los *trekkies* comparten pijama, rinden culto a ciertos personajes (de ficción), hablan una misma lengua (*klingon*), participan de rituales periódicos y mantienen una común fuente doctrinal documental (las diversas temporadas de una serie de televisión). Vamos, las piezas básicas de una religión. Mejor dicho: de una religión anterior a la distinción mosaica, cuando cada uno andaba con su Dios, cada cual con sus tonterías, comprometidos todos con el principio "vive y deja vivir".

En las religiones que nos preocupan las cosas cambian. No solo tienen texto revelado, fuente dogmática, sino pretensión de verdad y vocación de universalidad. En eso, todos, en distinto grado, se alejan de los *trekkies:* no solo les parece mal su aborto sino el de cualquiera. Les parece mal, lo critican y lo combaten. En breve: tienen una vocación pública, política.

Hasta aquí los problemas son serios pero no irreparables. Todos, en diverso grado, aspiramos a que algunos de nuestros principios inspiren la vida compartida. La cosa empeora cuando, a la vez que se defienden ideas acerca de la vida compartida, no se está dispuesto a defenderlas con argumentos aceptables para todos, políticos, sino que se acude a una estrategia de fundamentación extravagante, un texto sagrado, y ya entra en su peor pendiente si, ante la crítica a ese procedimiento de "fundamentación", uno se refugia en la privacidad, "porque mi religión es un asunto mío que tienes que respetar". En tal caso, en nombre de la salud de la democracia, lo mínimo a reclamar es el derecho a dudar de la calidad de las "razones". No solo no se nos puede impedir la crítica o la burla, sino que nos está exigida. Si encima nos amenazan porque "provocamos", entonces toca ponerse más serios. También en nombre de la democracia. Para poder opinar.

(*El País*, 13 de diciembre de 2015)

Fernando BÁEZ

San Félix, Ciudad Guayana, Venezuela, 1970.

Es licenciado en Educación y doctor en Bibliotecología. Fue profesor en la Universidad de Los Andes (Mérida). Poeta, ensayista y narrador, es conocido sobre todo por sus libros sobre el biblioclasmo. A raíz de la publicación de su libro sobre los estragos causados en el arte iraquí por la invasión de 2003 –prologado por Noam Chomsky–, fue declarado *persona non grata* por el gobierno de los Estados Unidos.

Ha publicado *Historia de la antigua biblioteca de Alejandría* (2003, Premio de Ensayo Vintila Horia), *Historia universal de la destrucción de libros. De las tablillas sumerias a la guerra de Irak* (2004), *La destrucción cultural de Irak* (2004), *La hoguera de los intelectuales* (2006), *El saqueo cultural de América Latina. De la conquista a la globalización* (2008), *Las maravillas perdidas del mundo. Breve historia de las grandes catástrofes de la civilización* (2012), *Los primeros libros de la humanidad. El mundo antes de la imprenta y el libro electrónico* (2013) y *Nueva historia universal de la destrucción de libros. De las tablillas sumerias a la era digital* (2013). Es autor de la novela *El traductor de Cambridge* (2005).
También ha traducido textos del griego clásico, específicamente *Los fragmentos de Aristóteles* (2002) y *La poética de Aristóteles. Edición en Griego, Latín y Castellano* (2003).

EL CENSOR AUTORITARIO

El censor no es ingenuo.

El censor es excluyente y, cuando es escéptico, sólo está distraído.

Quien no tache, es sospechoso, dice el censor y los burócratas se apresuran a borrar esas líneas que minutos antes juzgaban inocentes. Así borran la mitad de la historia del grupo dominado.

El censor cree en Dios porque le gustaría que existiera un ser trascendente que actuara como él mismo.

El censor siente la poderosa nostalgia del ejercicio de la omnipotencia.

El censor odia las mentiras que él mismo no suscribe. Sólo sus mentiras son ciertas, propagandas como tablas de salvación, el resto es vulgaridad, insolencia, barbarie, el fin.

El censor es perfeccionista, carismático, totalitario por principio.

El momento de éxtasis del censor sobreviene cuando su jefe, en un acto de grandeza, pide mano dura contra la criminalidad cultural y envía una larga misiva de apoyo moral al gran equipo de correctores del departamento: "Uds. representan lo mejor de una nueva sociedad que se sacrifica contra la corrupción de esta época dominada por los intereses mezquinos de unas élites sin patriotismo y sin corazón". La carta se publica, aunque con algunas enmiendas, en el boletín interno del gobierno que nadie ha leído nunca salvo el jefe.

El censor es un funcionario con todo el respaldo de la ley que ha impuesto.

El censor es un lector radical. Lee como pocos, se preocupa por los detalles; es un lector astuto. Tiene su propia biblioteca de libros que él mismo ha prohibido, y hasta su libro ideal que juzga eterno. Se jacta de ser un editor de oficio mal valorado y habla de la heterodoxia con cierta compasión. No piensa, aunque a veces se arrepiente de ello, que un autor es perverso sino que está siendo utilizado.

La aflicción del censor irrita a los desconcertados que preguntan: ¿Qué hubiera sido de Voltaire sin censores, qué hubiera ocurrido con el porvenir de James Joyce o de Salman Rushdie sin amenazas? La historia de las letras sin censura es lateral.

La queja de un censor, con todo, empadrona la curiosidad para fijar inventarios. "Censor", etimológicamente, procede de "censo", un acto de registro que debe ser escrupuloso.

El mundo del censor es geométrico, uniforme, irrefutable, un absoluto de naturaleza autárquico, autofundante, autosuficiente, infinito, atemporal, simple y expresado como pura actualidad no corruptible. Ese absoluto implica una realidad absoluta. No se explica: se aprehende directamente por revelación o inspiración. Al censor le desagradan los fieles; su lealtad es mera devoción.

Hay un aspecto determinante y es que el dominio no se establece sin una relación de ideología. No hay hegemonía religiosa, política ni militar sin hegemonía cultural. Quienes han censurado saben lo que hacen, y hacen lo que saben.

El censor quiere intimidar, desmotivar, desmoralizar, propiciar el olvido histórico, disminuir la resistencia y sobre todo fomentar la duda. Sin duda, el censor tiene el despecho que otorga la falsa autoridad.

No deben exceptuarse los derechos humanos primordiales violados por los censores: el derecho a la dignidad, el derecho a la integridad de la memoria escrita de los individuos y de los pueblos, el derecho a la identidad, el derecho a la información y el derecho a la investigación histórica y científica que hacen posible los libros.

El censor no es ignorante.

Es falso que el censor pueda ser inconsciente de su odio. Mientras más culto, más dispuesto a participar en la reprobación bajo el apremio social del control. Lo que ha demostrado el experimento Milgram, el autoritarismo es un problema de rol, cada uno lo cumple en su espacio público o doméstico.

El censor puede ser un admirable padre, un magnífico amigo, un esposo intachable, un virtuoso del violín, pero sería capaz de exterminar a su hijo, a su mujer o a sus amigos si ponen en duda su credo como sucedió con los Jemeres Rojos o los Nazis. Su virtuosismo se transforma en un hobby porque su verdadero arte pasa a ser la manipulación.

Damnatio memoriae: lema del censor privilegiado. Condena de la memoria del adversario.

La soledad del censor no la desea nadie, aunque permite la consagración de un régimen político fuerte basado en el temor. Al censor le parece que un poco de miedo facilita su gestión: cada autor debe respetar su jerarquía.

La crítica no ataja a un censor; lo que lo condena en vida al ostracismo es el misterioso silencio que confunde con la complicidad, la memoria que siempre le persigue porque es la sombra del tirano, pero aún más no lo deja vivir esa sensación intacta y renovada cada día de que la justicia existe y lo aguarda con el mismo ánimo insobornable de la muerte.

(*Nueva historia universal de la destrucción de libros*)

Fernando MEGÍAS

Barcelona, 1945.

Reside en Palma. Artista multidisciplinar, ha publicado diversos
libros, algunos en colaboración con Josep Feliu: *Modos de ver*
(2006), *Algo en lugar de nada* (2009), *Ocurren cosas* (2009),
Odradeks (2010), *Los lugares siempre escuchan y a veces no están*
(2011), *Entre ortos y ocasos* (2014), *Debajo del limbo* (2012) y
Pretérito pluscuamperfecto de subjuntivo (2016).

TOMÉ LA DECISIÓN que venía barruntando hace ya tiempo, renuncié a ser inmortal para no tener que aguantaros por más tiempo. Durante años os insistí una y otra vez repitiéndoos que no soportaba vuestra constante presencia en derredor mío, que fueseis tan absorbentes, contumaces y obcecados, os dije una y mil veces que no contaseis más conmigo, que yo no era un número, así que no me quedó más remedio que morirme, no encontré otra salida más drástica y definitiva para poder liberarme de vosotros.

Ahora, en realidad, no sé muy bien dónde me encuentro, a dónde he ido a parar. He examinado el sitio detenidamente y parece un lugar tranquilo, poblado de seres un tanto peculiares con conductas absurdas, apartado en el que incluso superan a la mayoría de los habitantes de ese mundo que dejé atrás. Nadie repara en mi presencia, así que paso prácticamente desapercibido, con lo que mi naturaleza individualista, con tendencia a la soledad, no se ve excesivamente alterada por esas presencias cercanas.

Dispongo de una completa libertad de movimientos y disfruto de una más que notable placidez, y aunque nadie me agobia con sus cuitas reclamando mi atención, pasado ya un cierto tiempo esta situación empieza a saturarme, a resultarme embarazosa. A un alma como la mía le cuesta horrores encontrar acomodo, así que no creo que siga por aquí demasiado tiempo.

Como tampoco sé muy bien a dónde ir, creo que me dejaré mecer por el espacio tiempo, que la gravedad juegue conmigo, y continuaré deambulando entre las estrellas, en busca de ese lugar que probablemente tampoco existe.

(Entre ortos y ocasos)

Ignacio GONZÁLEZ DEL REY RODRÍGUEZ

Gijón, Asturias, 1966.

Es catedrático de Derecho del Trabajo y de la Seguridad Social de la Universidad de Oviedo, y autor de más de cien publicaciones de su especialidad. En el campo poético, es autor de *Vocación del día que comienza* (2009) y coeditor y coautor de *50 maneras de ser tu amante* (2010). Ha sido incluido en las antologías *Poesía, 10 años* (2011) y *Las edades del poeta* (2013).

LA PREGUNTA
es una respuesta
que no se rinde.

Ignacio MARTÍN

Salamanca, 1968.

Filólogo, poeta, articulista y editor, reside en México, D.F. Es autor de *Luz tan fuerte que se escucha* (1994), *Con toda la intención* (2005), *Función negra* (2006), *Edición de autor* (2008) y *Panfletario* (2014); y coautor de *Tras la huella de... El cuento* (2005). Su obra ha aparecido en varias antologías y revistas culturales.

RETÓRICA

Mi voz es nuestra voz
                              y es voz
                              hecha de voces.

        No lo puedo evitar.

        Por formación y por idiosincrasia.

POÉTICA DEL ESPACIO

Puede que la poesía

    esté en ese poema

                  que me besa en un verso

        y

                  en el siguiente

me

       rompe

         las

                  entrañas

APOSTILLAS A UNA POÉTICA DEL ESPACIO

A veces el exilio es de mí mismo
yo que salí de casa tan temprano...

Desde luego, vivir con tanta patria
ayuda, a veces, a no ser ni de uno,
a no pertenecer
ni a lugares ni a espacios

el tiempo es otra cosa

(Panfletario)

Isaac GOLDEMBERG

Chepén, Perú, 1945.

Reside desde 1964 en Nueva York, donde actualmente es profesor distinguido del Hostos Community College de The City University of New York y dirige el Instituto de Escritores Latinoamericanos y la revista internacional de cultura *Hostos Review*. Ha publicado cuatro novelas, dos libros de relatos, doce de poesía y tres obras de teatro. Sus títulos: *De Chepén a La Habana* (1973), *La vida a plazos de don Jacobo Lerner* (1978), *Hombre de paso* (1981), *Tiempo al tiempo* (1984), *El Libro de la Escritura* (1989), *La vida al contado* (1992), *Misterios* (1996), *El gran libro de América judía* (1998), *Hotel AmériKKa* (2000), *Peruvian blues* (2001), *El nombre del padre* (2001), *Golpe de gracia* (2003), *Los Cementerios Reales* (2004), *La vida son los ríos* (2005), *Tierra de nadie* (2006), *Libro de las transformaciones* (2007), *Monos azules en Times Square* (2008), *Acuérdate del escorpión* (2010), *La vida breve* (2012), *Diálogos conmigo y mis otros* (2013) y *Chepén, madre de arena* (2015).

DIÁSPORA

Todavía quedaban en la ciudad todas las casas.
Pero la que menos quedaba era la casa del padre.
Él dijo que guardaría su casa hasta el último día de sus
   días.
Más tarde, mucho tiempo más tarde,
volvía del destierro para ponerle candado.
Y el hijo, sin que fuese suya, se quedó con la llave.
Tiempo hace ya que la casa fue vendida al olvido.
Hoy el olvido tiene su llave, idéntica a la memoria del
   padre.
Esta será su tranca —dijo—, mi memoria.
Más tarde, mucho tiempo más tarde, mudó su casa.
Pónganla aquí —dijo—, donde estuvo la casa.

(*Diálogos conmigo y mis otros*)

PACTO

¿Qué Dios fue ese que generación tras generación
reiteró el pacto territorial
y parecía no saber de geografías?

Él prometió estar con ellos en la conquista del espacio
y ellos pronunciaron otra vez Su palabra
en el atrio del planeta más próximo.

Y en el año siguiente a la expulsión
se congregaron en el umbral de la tierra
a escuchar la lectura del libro de todas las cosas
cuando la palabra fue puesta por testimonio
ante ese Dios que se ocultaba al ojo humano.

Pero cuando Él asomó Su único ojo,
tantos y tales fueron los males y las penas
que ellos renegaron de Su eterna presencia.

Entonces Dios volvió a reiterarle al humano
la promesa de la tierra en la fosa.

(*La vida breve*)

MURO

Solo, el muro que separaba al humano del humano
no sabía cómo derrumbarse.
No sabía cómo.
No sabía.
No.

(Libro de las transformaciones)

ESCRIBIR UN POEMA DESPUÉS DE AUSCHWITZ

Escribir un poema después de Auschwitz es un acto de barbarie. Después de Auschwitz toda cultura es inmundicia.

Theodor Adorno

Este no es un poema.
Ironías de la vida:
al carpintero Jesús
lo clavaron en la cruz.
La vida juega con nosotros.
Juega y juega
y al final a todos
nos sale la misma ficha.
Los dados eternos.
Con este título
escribió César Vallejo un poema
antes de Auschwitz.

(*La vida breve*)

MAIL INTERPLANETARIO

*Una humanidad que ya no se asombra de nada nos vio
partir hacia el más allá: ¿quién podría entusiasmarse por
una conquista de aquel espacio que ya nada promete a
hombres hartos de progreso?*

José B. Adolph

La tierra se ve sacudida.
Todo tiembla.
De repente, la situación interplanetaria
pasa a ser la del humano,
la clásica situación existencial:
infierno y paraíso pasan
a ocupar el mismo espacio.
Mejor mudar a los humanos de planeta,
construirles casas, parques y colegios.
Todo lo humano es parcial y contingente
y el gasto saldrá a largo plazo más barato.

(Diálogos conmigo y mis otros)

Isabel CAMBLOR

Madrid, 1969.

Su primera novela, *Perdona el desorden*, fue reconocida por el jurado del Premio Joven y Brillante. Con *Mistela con Aristóteles* (2002) resultó finalista del IV premio Río Manzanares. Su tercera novela, *Maldita Cenicienta* (2005), fue traducida al alemán, al francés y al rumano. Su cuarta novela fue *Dios es una dama con moño* (2008). La última, *Memoria de la inocente niña homicida* (2013), resultó ganadora del Premio Internacional de Novela Corta Ciudad de Barbastro 2012.

CARTA A ASHRAF FAYAD (Y TAMBIÉN A PABLO)

Cuando Luisa tenía once años, los que ahora tienes tú, Pablo, la gente usaba plumas para escribir, no había bolígrafos, imagínate cuánto tiempo hace de eso. Luisa tenía una pluma muy bonita, alargada y con forma de huso, con la que a veces escribía poemas. Esto que te cuento sucedió en una época en la que a las niñas lo que les tocaba era bordar vainica y punto de cruz, no escribir versos. Pero a ella la dejaban en paz ¿Sabes por qué? Fíjate qué cosas pasaban entonces: se admitió que Luisa escribiera en lugar de hacer labores gracias a su caligrafía, porque al parecer era capaz de entrelazar líneas y espirales con tanta habilidad que cada letra suya parecía una flor, y casualmente esas flores eran similares a las que las otras niñas hilvanaban con hebras de lino sobre sus paños en el bastidor. Y también casualmente resultó que su apellido, el de Luisa, era el mismo que el del ilustre Quevedo. Y, ya para rematar, su tintero era de cristal y tenía un tono añil calcado al de las paredes de la sala de costura. Por ese tipo de cosas fue por lo que las monjas permitieron que la niña escribiera en lugar de bordar. Y también, supongo, con idea de que no diera más la lata, que bordara con su pluma si tanto antojo tenía.

Un día Luisa compuso un poema largo como un cuento, un poema que trataba del *Caballero de la triste figura*, sólo que en su versión este Quijote no era un caballero sino una mujer y su figura no era triste sino radiante. Luisa creó a una intrépida dama medieval a la que acompañaba siempre su fiel escudero Sancho Panza.

Como Luisa no tenía ni idea de que los poemas poseían una fuerza devastadora, ni tampoco que escribirlos comportara riesgos, tuvo la ocurrencia de leerlo en voz alta, en el recreo, y tal y como lo pensó así lo hizo, subida a una silla en medio del patio y rodeada de niñas boquiabiertas. Entonces ella no sabía, y no sabía porque sólo tenía once años y aún no había tenido tiempo para entender que con las palabras que se dejan escritas lo apropiado no era hablar sobre hombres y mujeres sino sobre criaturas de barro moldeadas por las manos de Dios. Tampoco se le había ocurrido pensar que sólo Dios tenía el poder para extraer desde el cuerpo de un hombre el de una mujer, ya que sólo Dios manejaba costillas de barro, y por supuesto sólo Él tenía autoridad para cambiar la naturaleza.

A la Madre Úrsula no le gustó nada imaginar a una mujer cabalgando a horcajadas, una mujer servida por un escudero varón, junto al que viajaba, por lo que probablemente ni doncella podía ser, una mujer que peleaba contra molinos y encima los derrotaba; una mujer que además no era una mujer, era un hombre creado por Cervantes, que a su vez era otro hombre, en este caso creado directamente por Dios. De modo que la indignada Madre Úrsula montó un cirio muy grande con el que logró que la niña se fuera del colegio y que se llevara con ella su tintero de cristal azul y su pluma alargada con forma de huso.

Luisa Quevedo se fue del colegio y se dedicó a bordar durante tres años, hasta que la casaron, cuando tenía sólo catorce. Ella lo que más deseaba en el mundo era estudiar y ser maestra. Quizás, sólo quizás, lo habría logrado si en el colegio en lugar de escribir hubiera bordado.

Muchos años después de que Luisa me contara esto que ahora te estoy contando a ti, Pablo, yo he ido teniendo la oportunidad de conocer poetas, muchos poetas, de aquí y de allá. Trovadores que escriben historias donde yo a veces puedo distinguir claramente a la *Dama de la radiante figura*, la del poema de Luisa. Me he topado con hombres y mujeres que buscan detener las embestidas contra el mundo esgrimiendo sólo palabras, poetas de todas las edades y de todos los lugares, que escriben y que recitan, que cantan y gritan con el único fin de que la tierra no esté nunca callada. Guerreros, Pablo, otro tipo de guerreros, gente que sangra por mí, por ti, para que crezcas fuerte y vertical como el árbol del ginko y para que nadie tenga derecho a talarte ni una rama.

Este es Ashraf Fayad, Pablo. Es enorme, un ginko gigante, ¿puedes verlo? Quieren talarle las ramas, se las están talando por lanzar su simiente para que la tierra no esté callada. No dejes de mirarlo, es el árbol ginko, el más poderoso, el único que sobrevivió a Hiroshima. Vamos a leer sus versos, Pablo, en voz alta, vamos a leerlos ahora para que la tierra no se quede muda ni siquiera un segundo.

Jaime SILES

Valencia, 1951.

Filólogo, poeta, crítico literario, traductor y profesor. Se
doctoró en Filología Clásica en la Universidad de Salamanca.
Fue agregado cultural en la embajada de Viena. Ha ejercido la
docencia en varias universidades europeas y actualmente es
catedrático de Filología Latina de la Universidad de Valencia.
Por el conjunto de su obra recibió el Premio Teresa de Ávila
(2003) y el Premio de las Letras Valencianas (2004). Es
miembro de la Real Academia de Bellas Artes de San Carlos, la
Real Academia de Cultura Valenciana y la Real Academia de la
Historia, presidente de la Sociedad Española de Estudios
Clásicos y doctor *honoris causa* por la Universidad de
Clermont-Ferrand (2013).

Entre sus numerosos libros figuran los poemarios *Génesis de la
luz* (1969), *Biografía sola* (1971), *Canon* (1973, Premio Ocnos),
Alegoría (1977), *Lectura de la noche* (1980), *Poesía 1969-1980*
(1982), *Música de agua* (1983, Premio de la Crítica del País
Valenciano y Premio de la Crítica), *Transtextos* (1986, 2006),
Poemas al revés (1987), *Columnae* (1987), *Obra poética 1969-
1989*. *La Realidad y el Lenguaje* (1989), *Semáforos, semáforos*
(1990, Premio Loewe), *El gliptodonte y otras canciones para
niños malos* (1991), *Poesía 1969-1990* (1992), *Himnos tardíos*
(1999, Premio Generación del 27), *Pasos en la nieve* (2004),
Colección de tapices (2008), *Actos de habla* (2009, Premio
Ciudad de Torrevieja), *Desnudos y acuarelas* (2009, Premio
Tiflos), *Horas extra* (2011, Premio Universidad de León) y
Cenotafio. Antología poética (1969-2009) (2011).

Además, es autor de los libros de ensayo *El barroco en la
poesía española* (1975), *Diversificaciones* (1982), *Introducción a la
lengua y literatura latinas* (1983), *Viena* (1987), *Mayans o el
fracaso de la inteligencia* (2000), *Más allá de los signos* (2001),
Poesía y traducción: cuestiones de detalle (2005) y *Estados de*

conciencia (2006). Su crítica teatral se ha recogido en *Bambalina y tramoya* (2006) y *Tramoya y bambalina* (2008).

Políglota, ha traducido entre otros a Catulo, Celan, Jauss y Wordsworth.

ASHRAF FAYAD ESCRIBE DESDE LA CÁRCEL

El paisaje que desde mi celda se divisa no es muy amplio,
pero por él mi imaginación nunca deja de discurrir:
veo ríos, oasis, montañas, ciudades, estuarios.
Adivino lo que en otros lugares se llama libertad.
Por ella vivo, y no me importan los ochocientos latigazos
en dieciséis entregas escritos sobre la superficie de mi
    piel.
No: no me importan, como tampoco me importa estar
    aquí,
pues incluso en esta prisión me siento libre
porque eso es lo único que soy: un ser humano libre
condenado por ejercer mi propia libertad.
Los que no lo comprenden ignoran que los esclavos
de la libertad somos —son— los únicos seres libres.
Sí: desde mi celda veo todo cuanto imagino.
Desde mi celda afirmo mi propia libertad.

Javier CÁNAVES

Palma de Mallorca, 1973.

Actualmente reside en Marratxí (Mallorca). Es autor de las novelas *La historia que no pude o no supe escribir* (2009), *Los artistas* (2011) y *Piscinas iluminadas* (2013); y de los libros de poemas *Al sur de todo mapa* (2001, Premio Antonio Machado en Baeza), *Al fin has conseguido que odie el blues* (2003, Premio Hiperión), *El peso de los puentes* (2006), *Molt més en joc* (2007), *Limpieza y absorción* (2011) y *Momentos estelares* (2013).

TRES FUEGOS PARA ASHRAF FAYAD

I

Acercamos nuestras manos
a la hoguera.
Las sombras se propagan
por las tierras meridionales.
Nuestras facciones cambian
con cada acometida
del Mistral. Los vaivenes del fuego
no camuflan
el terror de nuestros ojos.
Este viento es inclemente,
como la tierra
que nos llama,
como las pocas palabras
que no se suicidaron.

(Inédito)

II

En la mesa del bar, junto al café con leche,
la foto de una joven oficial comunista
de rostro impenetrable.
La imagino una vez concluido el desfile,
la «exhibición de fuerza», según la prensa occidental.
No siento inclinación por lo propagandístico.
Prefiero lo privado, la intrahistoria,
lo que ocurre después de las proclamas...
El rostro de esta joven oficial comunista,
ahora en todos los periódicos del mundo.

El paralelo 38 que divide mi mente y mis entrañas
en dos idiomas irreconciliables.
Los fórceps con los que extraigo estas frases suicidas
que nadie puede escuchar.
Este fuego invisible y poderoso que no hace rehenes
y que avanza incansable a través de los siglos
y mis piernas. Nada puede en su contra
el sobrevalorado amor de los hombres.
El fuego de Alejandría, el de la Bebelplatz en Berlín,
el de la plaza de Tiananmen, aquí al lado,
todos los fuegos son el mismo,
creímos poder controlarlo pero siempre se mantuvo
más allá de nuestros sofisticados
medios de control. Nace de nuestro miedo,
del hambre y la sed que nos engendran.
Su furia no conoce límites.

Cierro los ojos, dejo que el calor del verano
inunde mis pulmones mientras julio
aviva mi deseo con su aliento.

El rostro de la joven oficial comunista
sigue ahí, me produce ternura, la misma que producen
esos niños sicarios del submundo. Sospecho
que, de considerarme su enemigo,
me pegaría un tiro sin dudarlo.

("Fuego", *Momentos estelares*)

III

Nixon nos contempla desde todas las pantallas. En su regazo, su perro *Watergate* simula dormitar junto a un libro de poemas de Ashraf Fayad. Las hogueras encendidas en todas las plazas del país iluminan la noche cerrada que parece haberse instalado sobre nuestras cabezas. Las cenizas de Caterina Ross alzan el vuelo y se mezclan con las de su madre y su abuela y las de todas las mujeres, cerca de un millón, quemadas por brujas. Torquemada ha iniciado una vez más su cacería. La consigna es clara: sólo son habitables los extremos. O un puritanismo o el otro, no hay más opción. Nada de sutilezas, de tender puentes, de debate sosegado. Siempre fuimos pirómanos. Nuestro espíritu inquisitorial satura las redes sociales y los comentarios a las noticias de los medios digitales. Jamás abandonamos el Coliseo. Los gritos y la sangre nos excitan. Nuestro deporte predilecto sigue siendo señalar la tierra con el pulgar. No hay más calor que el que producen las llamas del Infierno.

(*Última Hora*, 16 de febrero de 2016)

Jesús FERRERO

Zamora, 1952.

Es graduado en Historia Antigua en la Escuela de Altos Estudios de París. Ha residido en París, Barcelona y, desde 1994, Madrid.

Narrador prolífico, es autor de las novelas *Bélver Yin* (1982, Premio Ciudad de Barcelona), *Opium* (1986), *Lady Pepa* (1988), *Débora Blenn* (1988), *Un amor en Berlín* (1989), *El efecto Doppler* (1990, Premio Plaza & Janés), *La era de la niebla* (1990), *Alis el Salvaje* (1991), *Los reinos combatientes* (1991), *El secreto de los dioses* (1993), *Amador o la narración de un hombre afortunado* (1996), *El último banquete* (1997, Premio Azorín), *El diablo en los ojos* (1998), *Juanelo o el hombre nuevo* (2000), *El bosque infinito* (2001), *La autopista de Shambala* (2003), *Las trece rosas* (2003), *Ángeles del abismo* (2005), *Las fuentes del Pacífico* (2008), *El beso de la sirena negra* (2009), *Balada de las noches bravas* (2010), *El hijo de Brian Jones* (2012, premio Fernando Quiñones), *La noche se llama Olalla* (2013) y *Doctor Zibelius* (2014, Premio Logroño); así como de narraciones infantiles y juveniles como *Las veinte fugas de Básil* (1995), *Ulaluna* (1997) o *Zirze piernas largas* (2002).

En el terreno poético, ha publicado *Río amarillo* (1986), *Negro sol* (1987), *Ah, mira la gente solitaria* (1988) y *Las noches rojas* (2003, Premio Barcarola). Igualmente ha firmado ensayos como *Pekín de la Ciudad Prohibida* (1991) o *Las experiencias del deseo. Eros y misos* (2009, Premio Anagrama), un libro de diálogos: *Lucrecia Temple: encuentro en Berlín* (1987) y la obra de teatro *Las siete ciudades del Cíbola* (1999). Además es coautor del guión de la película *Matador* (1986) junto a Pedro Almodóvar.

PALABRAS PARA LOS VERDUGOS DE ASHRAF FAYAD

"Nos queda la palabra", decía un poeta
en tiempos en los que la palabra
se veía condenada a ocultarse
en las frías
estancias del silencio.

Nos queda la palabra, mas cuando cercenan las
[gargantas
donde nacen las palabras como manantiales
en las laderas de la montaña,
entonces ni nos queda la palabra ni nos queda la vida.

Nos queda la palabra mientras la sangre bulle
en nuestros cuerpos y nuestras almas.

En la carne febril y viviente
las palabras nos pueden dar más vida
que todos los alimentos terrenales,
pero en la carne muerta,
¿qué vida pueden dar las palabras?
¿Y en la carne presa, torturada y humillada
hasta el límite de lo posible,
qué vida pueden dar las palabras?

No hemos creado a los dioses
para que nos aplasten,
nos destruyan,
nos envilezcan y nos amordacen.

No hemos creado a los dioses
para que los sacerdotes decreten la muerte
y nos prohíban respirar.

No hemos creado a los dioses
para convertir la vida en el reino del terror,
donde sólo los más viles decretan
quiénes son dignos de existir
y quiénes no
mientras organizan sus festines de tiniebla
ebrios de sangre y de heces
y convierten la gloria de vida
en la impura y hedionda danza de la muerte.

Jesús ZOMEÑO

Alcaraz, Albacete, 1964.

Actualmente reside en Elche (Alicante). Ha publicado, entre otros, los siguientes libros de poesía: *Del eterno regreso* (1989), *Diario marroquí* (1991), *Segundo viaje a Marruecos* (1992), *Diario de los nómadas* (1995), *El otoño de Montparnasse* (1995), *Un libro titulado 34 poemas* (2001) y *Lectura de estaciones* (2003). De relatos ha publicado: *Lengua azul* (2008), *Cerillas mojadas* (2012), *Piedras negras* (2014) y *De este pan y de esta guerra (1916)* (2016). El relato "Damasco, 1916" es inédito, pero se corresponde al ciclo de este último, relacionado con la Primera Guerra Mundial.

DAMASCO, 1916

—La Justicia es el don que Dios otorga a los fuertes, pues solo confía en ellos.

Es el saludo con el que entra en la celda el oficial y se atusa el bigote, por subrayar lo que acaba de decir, riza las puntas, la ocasión lo merece. Su prisionero es un alborotador del que no sabe nada, pero entiende que la providencia lo ha llevado ante él porque es culpable. Le han cortado las manos, para que cuando encuentren su cadáver lo tomen por el de un ratero, pero aún queda ejecutarlo.

—Atiende a lo que voy a decirte, maldito bastardo palestino, de ello va a depender tu vida. Mira bien, tengo cerrados los dos puños y quiero que elijas uno, el de la derecha o el de la izquierda. Pon tu mano encima del que quieras, no tengo prisa. En un puño oculto una moneda y en el otro una bala. Tienes que elegir, pero te advierto que no me dejaré llevar por la apariencia cuando interprete la voluntad de Dios. Solo él conoce sus símbolos en cada momento y es quien inspira su significado, yo me limitaré a obedecer. No confíes en que la bala te matará y que te salvará la moneda. Una moneda puede ser mortal y, en cambio, una bala puede ser el perdón que el verdugo ofrece a su víctima, solo cuando llegue el momento lo sabré. Elige el puño que quieras, es difícil saber dónde está cada cosa, pero no te lamentes de lo que tienes que hacer tú, porque el verdadero esfuerzo será luego para mí cuando tenga que improvisar una respuesta a lo que elijas. No desesperes, la moneda también puede ser el precio de tu vida, para liberarte, y la bala lo que te mate. Está claro que debes morir, salga lo que salga, pero antes tienes que luchar por tu vida, elige uno de los puños, para que seas tú el que se equivoque, Dios es misericordioso dándote esta oportunidad. Elige uno de los puños, el que quieras, y yo me esforzaré por interpretar cuál es su voluntad en cada instante. No soy libre de hacer lo que quiera y, por eso, cuando vaya a matarte, debo saber reconocer tu culpa, sea la que sea, según me la dicten.

Se aleja, coge una jarra y vuelca agua en el cuenco de su mano. Vuelve a acercarse al prisionero y parece que vaya a darle de beber, pero sigue hablando porque no quiere que se pierda el agua entre los dedos antes de explicárselo todo.

—Mira, la Justicia es una gota de agua. Hay quien tiene sed para bebérsela y otros la emplean para lavarse las manos. Quienes se la beben son egoístas porque ellos la tragan y la justicia desaparece, dejando el mundo como está. La misericordia es el error de los débiles, porque ellos se apiadan primero de sí mismos y nunca dejan de tener sed. La única misericordia es la de Dios, no la de los hombres. Por eso los justos son los que obedecen y emplean la fuerza con las manos limpias, porque la ira no es suya sino de Dios y el dolor que causan es culpa de su víctima. ¿Quieres saber lo que hago con esa gota de agua de la Justicia? Te lo diré: me lavo las manos, aunque una gota de agua nunca es suficiente porque tengo las manos grandes y hacer uso de la Justicia siempre las deja manchadas de sangre.

Le muestra las manos al prisionero. No queda agua, pero están limpias, eso es lo importante, la impunidad.

—Date prisa, recoge del suelo una cualquiera de las manos que te han cortado, utiliza la boca, pero tampoco te equivoques al elegir la mano derecha o la izquierda, porque la que elijas tendrá su importancia. La derecha es la que tiene más fuerza y habré de tomarlo como una provocación si la empleas contra mí, siquiera acercándola a uno de mis puños con tu boca. Pero también es cierto que la mano izquierda es la que tiene menos fuerza, es la mano que nunca debes acercar a la mesa, y puedo tomarlo como un insulto si la pones encima de mí, no me gusta que me echen a la cara la mano zurda, la de todos los errores y debilidades. Recoge del suelo una cualquiera de las dos, pero date prisa porque estoy ansioso por saber con qué mano vas a ofenderme.

Se acerca un paño y se seca las manos, para que no quede rastro de lo que acaba de decir, por si acaso.

—Ya ves qué difícil es ser un hombre justo, honesto y cabal. Tú mismo, que no tienes nada que perder porque vas a morir, tienes tus dudas. Compréndelo y date prisa, recoge con la boca una mano del suelo y ponla encima de uno de los puños cerrados que te muestro, estoy ansioso por saber si la bala que señales te dará la vida o la muerte, o si vas a querer que lo decida la moneda. Mis hijos me esperan después de tu ejecución, debo darme prisa. Lucha por tu libertad, elige uno de los puños, demuéstrale a Dios que te has equivocado, escojas lo que escojas, y yo en su nombre ejecutaré todas sus excusas.

—Eres un hipócrita, capitán, en ningún momento me has puesto delante los puños cerrados. Has olvidado esa parte de la farsa, porque ni tú mismo te crees el ritual. Por eso elijo la mano que tú estás pensando, me conformo con tus errores, los de la mano que más te atormente, eso nos hará culpables a los dos y el mundo se acabará. Tendrás que darme un tiro a mí y otro a ti mismo en la sien.

El oficial turco se sorprende y mira al carcelero, un pastor kurdo que sonríe con los dientes podridos mientras sujeta por detrás al prisionero para mantenerlo de pie. Esos dientes negros le parecen una blasfemia, al menos los del condenado están rojos por la sangre, purificados por el sufrimiento.

—¿Por qué he de cargar yo con tu culpa abriendo una de mis manos, palestino? —ahora sí le pone delante los dos puños cerrados.

—Ambos puños están en tu cabeza. De hecho, ni siquiera contienen nada. Tienes las manos vacías. Pero si tú no eliges yo tampoco, voy a esperar, tú mismo has dicho que no tienes prisa. Además, también has dicho que es la voluntad de Dios que sea yo quien escoja. Voy a esperar hasta que el pecado se endurezca y luego se agriete y convierta en polvo tus puños. Si abres uno cualquiera, será porque aceptas mi culpa. Ya ves, ahora tienes que mantener cerrados los puños, no te sirven para nada. Estás atrapado. Podrás limpiarte el culo con mis dedos, pero solo si restriegas el culo por el suelo, donde está mi mano. Puedes pisar mi mano, pero ya no podrás estrecharla porque tienes que seguir apretando los dos puños, cada vez más fuerte porque irás perdiendo la fuerza y te costará más mantener cerrados los dedos.

—Puedo desdecirme de lo que he dicho o entender, como entiendo, que lo tuyo es solo un juego de palabras.

170

—Sería blasfemia. Si Dios ha hablado por tu boca, es para hacerte prisionero de tus palabras. Pero si reconoces que has sido tú el maestro de lo que has contado, será porque eres libre de inventar lo que piensas. Eso te haría responsable de tus actos y tendrías la obligación de ser humilde y misericordioso. Tienes que estar a lo dicho, Dios solo escribirá por encima del que elija la mano. Yo no pienso hacerlo y tú tienes miedo, estás atrapado con los puños cerrados, si eres creyente...

En ese juego, el carcelero ha perdido el hilo de los argumentos, pero no se tiene por hombre juicioso, sino más bien tosco e ignorante, por eso le da igual no entender nada. Sin embargo, se da cuenta de que, para su desgracia, ha cruzado la mirada con su oficial.

—Tú, imbécil, elige uno de los puños —le dice el capitán.

El carcelero no se atreve a dudar y elige por instinto el más próximo, el derecho, pero está vacío. No comprende por qué estaban diciendo que en un sitio había una bala y en el otro una moneda. Es posible que la otra mano, la que sigue cerrada, tenga las dos cosas o que lo que hubiera antes en esta mano haya caído al suelo. Mira a sus pies, pero sigue sin ver nada.

—Soldado, abrace al prisionero —le ordena el capitán—, porque está atado y nadie debe morir solo.

El guardia kurdo entiende que se refiere a que nadie debe sentirse solo cuando va a morir, por eso se apiada del palestino y obedece para que se cumpla lo que ha de ser el último deseo de cada hombre, que él supone que es morir sintiéndose querido.

El oficial coge la pistola y dispara atravesando con la misma bala la cabeza del carcelero y la del prisionero cuando están abrazados. Procura no mirar al palestino, para proteger su fe. Los ve caer. Está contento, ha sabido improvisar. Le parece hermoso el simbolismo de ambas muertes a la vez y, sobre todo, le está agradecido al guardia porque le ha liberado de toda culpa al elegir el puño que debía abrirse. Un hombre justo no puede intervenir, tiene que mantenerse al margen, saber reconocer los errores de los demás y juzgarles.

Sale de la cárcel, le esperan sus hijos. Tiene que comprar unos dulces de pistachos y miel antes de entrar a su casa, lo están esperando. Damasco es inexpugnable; a pesar de tantos espías, los árabes de las tribus nómadas jamás tomarán la ciudad porque Dios protege solo a los hombres civilizados.

Joaquín LEGUINA

Villaescusa, Cantabria, 1941.

Vive en Madrid. Es doctor en Ciencias Económicas por la
Universidad Complutense y en Demografía por La Sorbona.
Fue presidente de la Comunidad Autónoma de Madrid entre
1983 y 1995 y diputado en Cortes entre 1996 y 2008.

Ha publicado los libros de relatos *Historias de la Calle Cádiz*
(1985), *Cuernos* (2002) y *Cuernos retorcidos* (2008); las novelas
La fiesta de los locos (1984), *Tu nombre envenena mis sueños*
(1992), *La tierra más hermosa* (1996), *El corazón del viento*
(2000), *Por encima de toda sospecha* (2003), *El rescoldo* (2004),
Las pruebas de la infamia (2006) y *La luz crepuscular* (2009); y
los ensayos *Los ríos desbordados: un ensayo político* (1994),
Defensa de la política (1995), *Malvadas y virtuosas: retratos de
mujeres inquietantes* (1997), *El Chile de la unidad popular, 1970-
1973* (1998), *Años de hierro y esperanza* (2000), *Ramón Franco,
el hermano olvidado del dictador* (2002), *Conocer gente: recuerdos
casi políticos* (2005), *El duelo y la revancha* (2010), *Impostores y
otros artistas* (2013) e *Historia de un despropósito* (2014).

GIORDANO BRUNO

La mañana del 8 de febrero del año 1600, el cardenal Santorio di Santa Severina llegó a la Cámara de la Congregación del Vaticano cansado y con el cabello revuelto. Su amante y una joven amiga de ésta le habían hecho pasar una noche tan larga como placentera. Se sentó en el enorme trono para presidir el Tribunal de la Inquisición, dispuesto a juzgar a fray Giordano Bruno de Nola, un hombrecillo de cabellos negros, delgado como un huso, consumido y lleno de cicatrices, restos de las torturas que le había infligido el Santo Oficio durante siete años de encierro. A la derecha de Santa Severina se sentaba el cardenal Roberto Belarmino, otro despiadado, que tres lustros más tarde habría de juzgar a Galileo. Tres siglos después, en 1930, Belarmino sería canonizado, llevado a los altares por una Iglesia Católica agradecida y, desde luego, nada arrepentida.

Giordano Bruno escuchó en silencio los cargos: se le acusaba de sostener que el misterio de la Santísima Trinidad era un galimatías, la virginidad de María una broma y la transustanciación un imposible.

El cardenal Santa Severina, antes de la vista que se celebraba ese día, ya tenía decidida la sentencia: condenarlo y pasar a Bruno al brazo civil. Con su característica hipocresía, la Iglesia no ajusticiaba a sus reos, sino que esa labor se la dejaba al obsecuente poder civil. El cinismo eclesial alcanzaba el más alto grado de sadismo recomendando a los verdugos que "mitiguéis vuestra sentencia con respecto a su cuerpo para que no haya derramamiento de sangre"; es decir, ordenaba que el condenado fuera quemado vivo.

Bruno, tras escuchar la condena, elevó su potente voz para decir en latín unas frases que, traducidas, son: "El miedo que sentís al imponerme esta sentencia tal vez sea mayor que el que siento yo al escucharla". Once días después, Giordano Bruno era quemado vivo en el Campo de las Flores, en Roma.

Más de cuatro siglos más tarde a Ashraf Fayad se le quieren aplicar los mismos métodos que a Bruno, pero no lo vamos a permitir.

Jordi DOCE

Gijón, Asturias, 1967.

Reside en Madrid. Es editor, traductor y poeta. Ha publicado,
entre otros, los libros de poemas *Lección de
permanencia* (2000), *Otras lunas* (2002), *Gran
angular* (2005) y *Nada se pierde. Poemas escogidos* (2015); y los
cuadernos de notas y aforismos *Hormigas
blancas* (2005) y *Perros en la playa* (2011). Ha traducido y
preparado ediciones bilingües de W. H. Auden, William Blake,
Anne Carson, T. S. Eliot, Ted Hughes, Charles Simic y
Charles Tomlinson.

REFUTACIÓN

la palabra rosa *es la ausencia de toda rosa*

S. Mallarmé

Atado a la palabra *soga*
hay un hombre. ¿Lo ves?
Vuelve a decirlo: *soga.*
                    Y luego:
soga, un hombre se arrastra
de un lado a otro del poema.
                    ¿Pesa?
Soga. Nuevo tirón.
Soga. Basta. No te demores.
¿No ha sufrido bastante?
Termina de una vez.
¿Cómo?
          Soga.

Jorge ESPINA

Oviedo, Asturias, 1966.

Vive en Palma de Mallorca desde 2006. Dirigió Ediciones la
Baragaña y Bradbury Ediciones; actualmente es responsable
junto a Roberto Menéndez de Ruleta Rusa Ediciones. Ha
publicado dos poemarios: *Reverdecer* (2010) y *Volver al pan,
llegar a casa* (2012). Sus poemas han aparecido también en
diversas antologías.

VOLVER A LA VIDA

Si todos los engañados, si todos los asesinados volviesen a la vida, podrían cambiar el mundo y abolir el hambre, la esclavitud y la guerra. Los asesinados son un enorme ejército, casi infinito. Pero los asesinados no quieren volver a la vida. Y los vivos tampoco.

SÍNDROME DE ESTOCOLMO

Mi única victoria.

A pesar de sus golpes,
sus desprecios
y su desdén;

no han conseguido,
ni por un instante,

que dejara de amarles.

José Ángel BARRUECO

Zamora, 1972.

Vive en Madrid. Ha publicado las novelas *Recuerdos de un cine de barrio* (1999, 2009), *Monólogo de un canalla* (2002, 2012), *Te escribiré una novela* (2003, 2012), *Asco* (2011), *Vivir y morir en Lavapiés* (2011) y *Angustia* (2014); el libro de relatos hiperbreves *El hilo de la ficción* (2004); los poemarios *No hay camino al paraíso* (2009), *Los viajeros de la noche* (2013) y *El amor en los sanatorios* (2014); el monólogo teatral *Vengo de matar a un hombre* (2004); y el volumen misceláneo *Para esas noches de insomnio* (2009).

ZAPATOS

Para Ashraf Fayad,
poeta palestino

En una escena clave de la película *Matar a un ruiseñor*, basada en la novela de Harper Lee, el abogado Atticus Finch (un magnífico Gregory Peck, ganador del Oscar por esta interpretación) explica a su hija Scout: "Nunca llegarás a comprender a una persona hasta que no veas las cosas desde su punto de vista". Al final de la historia, Scout por fin entiende ese código y le cuenta al espectador: "Atticus había dicho una vez que nunca se conoce realmente a un hombre hasta que uno se ha calzado sus zapatos y caminado con ellos". Es la lección que ella aprende para huir de los prejuicios en su racial pueblo sureño.

Si todos nos guiáramos por el código de Atticus, y lo asimiláramos en la infancia con la rapidez de Scout, el mundo sería un lugar más confortable. Ese sistema de valores, consistente en descifrar las razones del prójimo y situarse dentro de su piel, nos debería servir siempre para comprender antes que juzgar, para garantizar el respeto de los derechos humanos. Antes de aplastar a alguien, piensa que tú podrías ser el aplastado. Antes de abusar de otro, ponte en el pellejo de tu víctima. Antes de repudiar al extranjero, siéntete tú un extranjero. Antes de aplaudir la ejecución de un hombre, imagina que tú eres ese hombre. No recortes las libertades, no empujes al

desvalido. No eres el dueño del mundo. Átate otros zapatos. Camina con ellos. Comprende.

(En el libro colectivo *Palabras como velas encendidas*, 2007,
y recogido en *Para esas noches de insomnio*)

José Antonio CARREÑO

Zamora, 1963.

Ha trabajado como guionista para Tele 5 y ha colaborado con la editorial Temas de Hoy y con la Unidad de Publicaciones de la Consejería de Cultura de la Junta de Castilla y León. Durante quince años ha dirigido una agencia de publicidad. Es autor de la colección de relatos *Concierto para mendigo y noche de hambre feroz* (1994) y de diversas guías turísticas y culturales de la provincia de Zamora, así como de la novela *El guardián de la Torre de Babel*, finalista del Premio Círculo de Lectores de Novela 2015, de próxima publicación.

SOBREVOLANDO FRONTERAS

En las laderas áridas y desiertos de medio mundo, las nubes quedan atrapadas en mallas que los humanos han tensado entre dos postes. Las llaman *atrapanieblas*, y son las únicas armas que podrían transformar a un agricultor manso en un trampero. Cuando la niebla queda pegada en esa telaraña monumental, instalada a traición e insorteable, produce gotas de agua que luego son canalizadas hacia lugares donde jamás hubiera caído la lluvia. Atrapadas por esas lonas y sin posibilidad de regreso, las nubes acaban convirtiendo el cielo que dejan arriba en una asociación de viudas flotantes.

En el desierto de Namibia vive el Escarabajo Atrapaniebla. Cuando siente sed, este animal asciende hasta la cima de una duna y gira el cuerpo contra el viento, bajando la cabeza. En esa cabriola que pasa inadvertida para el desierto, la espalda del escarabajo atrapa diminutas gotas de niebla que luego acabarán formando otras de mayor tamaño. Cuando esas perlas de agua se van sumando, descienden por la espalda del insecto hacia la boca, y el escarabajo se bebe el cielo a sorbos, mientras ensaya su circo cotidiano. Ese día, un simple insecto, que transforma su espalda en una fábrica de agua, demuestra ser más listo que la sed.

En las fronteras de Marruecos, Pakistán, Palestina, Siria, Méjico y de incontables territorios quebrados, los humanos quedan atrapados en las alambradas de espino, rosales emponzoñados que fueron condenados a parir sólo flores muertas. Algunos las llaman ya *atrapahombres*, porque tienen el poder de transformar los poblados natales de sus víctimas en una productiva fábrica de huérfanos.

Encarcelado en una prisión de Arabia Saudí, Ashraf Fayad continúa pariendo su obra en silencio, entre arcadas de libertad irrefrenable. Antes de ser capturado, Ashraf vivía haciendo sus cabriolas cotidianas para atrapar el arte y la libertad, haciéndolos deslizarse sobre su espalda hasta beberlos, hasta compartirlos con el mundo. Pero a la ignorancia no le gustan los espejos frente a su rostro mugriento, y un día atraparon al artista palestino para recordarle que son los gobiernos quienes deciden la intensidad del silencio con el que hablan sus ciudadanos. Atrapado a traición, como la niebla en una malla, como los migrantes en los espinos, Ashraf Fayad ha convertido a su país, sin pretenderlo, en una muchedumbre de huérfanos, en una nación viuda.

José Luis PERNAS

Las Palmas de Gran Canaria, 1943.

Desde 1964 reside en Madrid. Formó parte de la generación que fundó la colección Mafasca en 1963 y fue incluido en la antología *Poesía canaria última* (1966). Su obra publicada incluye *Hombre aprendiendo* (1964), *Cuaderno de urgencia* (1965), *Vértigo 6 y medio* (1976), *Renacimiento* (1977), *Oficio elemental* (1984), *Que no sea el olvido* (2010) y *Acaso el tiempo. Poesía reunida* (2016).

CUANDO LOS NIÑOS JUEGAN A LA GUERRA

Cuando los niños juegan a la guerra,
¡qué tristeza!

Cuando apuntan su arma a nuestro pecho
e insisten que caigamos por el suelo
para hacer más real el triste juego.

Cuando los niños crecen, se hacen hombres
y no olvidan el juego de la guerra.
Cuando los hombres mueren,
cuando los hombres matan,
¡qué tristeza!

Niños, no juguéis a la guerra,
porque los hombres
lo aprenden todo de los niños.

Cuando los hombres juegan a la guerra,
¡qué tristeza, niños!

(Oficio elemental)

Juan Antonio GONZÁLEZ FUENTES

Santander, Cantabria, 1964.

Licenciado en Filosofía y Letras por la Universidad de Cantabria. Es coordinador editorial de Ediciones La Bahía y de la revista *Arte y parte* y está integrado en el equipo del Archivo Lafuente. Como poeta ha publicado *Además del final* (1998); *La luz todavía* (2003); *Atlas de perplejidad* (2004); *La lengua ciega* (2009), *Monedas sueltas. Haikus 2009-2013* (2014) y *Memoria (antología poética, 1989-2015)* (2015). Es coeditor de *Espacio Hierro. Medio siglo de creación poética de José Hierro* (2001), *María Zambrano, la visión más transparente* (2004), *La gracia irremediable. Álvaro Pombo, poéticas de un estilo* (2013) y *Vicente Huidobro y Gerardo Diego en vanguardia* (2014). Su poesía está en antologías como *Campo abierto. Antología del poema en prosa en España (1990-2005)* (2005) o *Littérature espagnole contemporaine* (2009).

EL COLOR DEL MUNDO

A Ashraf Fayad

Desde lejos hila el tiempo un bosque de mañanas que deciden el color del mundo. El límite de ese bosque es su desierta lentitud. En ella, a ciegas, danzan el deseo de crecer y la tibieza que en sus ramas levanta lo más tangible de nosotros mismos: el dolor y la alegría. El bosque espera que el camino sea largo —según cantó Kavafis—, que siempre recomience y nos llegue sin saberlo en quebrada línea, en invariable epifanía que juntos, desde un principio, imaginamos fuera, allá donde sólo habita el agua más pequeña.

Juan Carlos MESTRE

Villafranca del Bierzo, León, 1957.

Reside en Madrid. Además de poeta es artista plástico. Ha publicado los poemarios *Siete poemas escritos junto a la lluvia* (1982), *La visita de Safo* (1983), *Antífona del otoño en el Valle del Bierzo* (1986, Premio Adonáis), *Las páginas del fuego* (1987), *El arca de los dones* (1992), *Los cuerpos del paraíso* (1992), *La poesía ha caído en desgracia* (1992, Premio Jaime Gil de Biedma), *Poemas del claustro* (1992), *La mujer abstracta* (1996), *La tumba de Keats* (1999, Premio Jaén), *La voz, las voces* (2000), *El adepto* (2005), *Las estrellas para quien las trabaja* (2001), *El universo está en la noche* (2006), *Contra toda leyenda* (2007), *Tarjeta de visita* (2007), *La casa roja* (2008, Premio Nacional de Poesía), *Elogio de la palabra. Antología* (2009), *La visita de Safo y otros poemas para despedir a Lennon* (2012), *La bicicleta del panadero* (2012, Premio de la Crítica) y *Un poema no es una misa cantada* (2013). Es también autor de diversos ensayos.

TODOS LOS LIBROS LLENOS DE PALABRAS

Para Ashraf

Y todos los libros llenos de palabras
y todos los calendarios llenos de días
y todos los ojos llenos de lágrimas
y llena de nubes la cabeza de todos los mares
y llenos de coronas y puntapiés todos los relojes de
    arena
y de jirafas molidas todos los pechos condecorados
y todas las manos llenas de verano y caracoles marinos
y todos los dormitorios llenos de manojos de
    explicaciones
y de pantalones disecados las sillas en todos los
    prostíbulos
y todos los huecos llenos de público
y todas las camas llenas de electrocutados
y todos los animales llenos de espíritu y pánico
y de feroces gritos los árboles en todos los aserraderos
y todos los tribunales llenos de testimonios
y todos los sueños llenos de sacacorchos
y llenas de chicas todas las estrellas
y todos los libros llenos de palabras
y todos los calendarios llenos de días
y todos los ojos llenos de lágrimas
y todas las peceras y todos los pupitres y todas las cenas
    íntimas
y todos los razonamientos llenos de indudables edificios
y toda la primavera llena de moscas y crisantemos
y llenas todas las iglesias y todos los calcetines y todas
    las peluquerías

y todas las mujeres llenas de gloria
y llenos también de gloria todos los hombres
y todas las perreras llenas de ángeles
y todas las llaves llenas de puertas
y todos los bazares llenos de ratones
y llenos de barrenderos todos los cuadros
y llenas de estiércol todas las escobas de la patria
y todas las cabezas llenas de radiografías e intríngulis
y llenas de luz todas las subestaciones eléctricas
y llenos de amor todos los manicomios
y todos los cementerios llenos de salvavidas

(*La bicicleta del panadero*)

Juande GONZÁLEZ MOYANO

Caracas, Venezuela, 1976.

Formado en Administración y Dirección de Empresas con los jesuitas, trabajó durante diez años en la empresa privada antes de incorporarse al área de Comunicación de Unión Progreso y Democracia. En este momento, mientras pone en marcha su propia empresa de comunicación, termina su primera novela.

¿QUIÉN ALZA LA VOZ POR UN ATEO?

Uno de los cargos que la justicia saudí (perdón por el oxímoron) ha blandido contra Ashraf Fayad es el de promover el ateísmo a través de sus poemas. Las autoridades estuvieron ahí muy listas o tuvieron mucha suerte. Si hubieran fabricado la acusación de proselitismo cristiano el asunto habría ocupado portadas, la respuesta internacional habría sido mucho más contundente y tal vez Fayad tendría ahora mejores perspectivas. Pero, ¿quién se moviliza por un ateo? Como es escritor, ha logrado el apoyo de autores y artistas de todo el mundo. Por desgracia, la influencia de los intelectuales ya no es lo que era, y este ataque atroz a la libertad de conciencia está pasando ampliamente desapercibido.

Un ciudadano está mucho más protegido si encaja en un colectivo bien articulado. A lo largo del siglo XX, las minorías fueron organizando sus propios grupos de presión como forma de sobrevivir (primero) y reclamar derechos (después). Lo de las religiones viene de mucho más atrás. La Iglesia Católica es un *lobby* al que le fue bien. No se vio un caso igual hasta la PAH de Ada Colau. Ya no es lo que era (la Iglesia, no la PAH), pero mantiene una extraordinaria capacidad de movilización. Y la usan de forma justificada cuando se trata de prevenir la persecución de católicos en aquellas teocracias en las que son minoría.

No hace falta extenderse mucho sobre los motivos por los que no existe un *lobby* ateo capaz de atraer la atención de los medios o de movilizar a miles de activistas. Ningún humano nace en una sociedad sin Dios o sin dioses. La explicación trascendental de la realidad siempre está disponible, y habitualmente es la hegemónica. El que rechaza esta explicación lo hace tras recorrer un camino solitario. Mis padres no me llevaron a clases de ateísmo. No hice con mis compañeros de clase la primera excomunión. Obviamente, hablaba con mis amigos de lo humano y de lo que no es divino, en un clima de total tolerancia (uno de mis muchos privilegios en comparación con Fayad, probablemente). Pero llegué a mis propias conclusiones yo solo. Y desde entonces valoro mucho la sensación de libertad e independencia que me dio aquel proceso. Los ateos a los que conozco pasaron por experiencias similares. Y esto nos hace refractarios a asociarnos. Lo vemos como volver al redil de la religión organizada. No tengo inconveniente en explicar mis razones, pero no veo necesidad alguna de hacer proselitismo. La famosa campaña de los "autobuses ateos" que puso en marcha Richard Dawkins me causó indiferencia. Hasta que vi la reacción tan enconada que despertaba.

Otro científico, Stephen Hawking, afirmó en 2010 que Dios no existía. El diario *El Mundo* publicó un editorial criticando la "soberbia" de los científicos que "viven en su torre de marfil" y comparten "migajas de conocimiento" con el vulgo. El diario había entendido las declaraciones de Hawking como un ataque. Todos los días se dice millones de veces que Dios existe y no se editorializa al respecto. Concedo que no es noticia, pero ellos tendrán que conceder que, si Hawking atacaba a los creyentes, entonces los sacerdotes me atacan a mí todos los domingos. Este curioso —y en absoluto puntual— cortocircuito en la defensa de la libertad de expresión revela hasta qué punto el ateísmo en España se tolera siempre y cuando no se mencione demasiado. Y si se menciona, que sea en voz baja. Y, si no es en voz baja, que por lo menos no lo diga un científico famoso.

"No se pude provocar, no se puede insultar la fe de los demás. No se le puede tomar el pelo a la fe. No se puede". Esto es lo que dijo el papa Francisco tras admitir que la matanza de *Charlie Hebdo* en enero de 2015 fue una "aberración". Y continuó con un ejemplo gráfico, para no dejar lugar a dudas: "Si el doctor Gasbarri [Alberto, responsable de la organización de los viajes pontificios, que estaba en ese momento a su lado], dice una mala palabra en contra de mi mamá, puede esperarse un puñetazo... ¡Es normal!" La ofensa es una bombita fétida y corrosiva que alguien deja entre los engranajes de la democracia. Si castigamos la ofensa premiamos a los que tienen facilidad para sentirse ofendidos. A unos les ofenden las viñetas de Mahoma y a otros que un cosmólogo diga que Dios no existe. Si se sigue aumentando la sensibilidad a la ofensa se termina en Arabia Saudí.

Existen asociaciones de lo que se llama humanismo secular o naturalismo que desarrollan una muy valiosa actividad pública de tipo divulgativo, demostrando cada día que el mundo se entiende mejor sin dioses. Sin embargo, cuando una tiranía condena a muerte a un hombre por ateo lo que hace falta es política. Y si los gobiernos occidentales o los organismos internacionales no hacen lo suficiente, hay una forma de presionarlos: el activismo. Tal vez sea el momento de plantearse la necesidad de un tejido asociativo que defienda las libertades y derechos de quienes no creen en Dios. Para Fayad y para los que vengan detrás.

Juan LÓPEZ-CARRILLO

L'Ampolla, Tarragona, 1960.

Como poeta ha publicado *Los años vencidos* (1997), *Poemax (el bing bang)* (1999), *691 modelo para amar* (2001) y *Los muertos no van al cine* (2006). Participó junto con Alfredo Gavín, Eduardo Moga, Ramón García Mateos y Vicente Llorente en el poemario colectivo *Libro libre* (2013).

PESTES

Hace no tanto,
que me perdonen los creacionistas,
los humanos salían de África y se repartían por el
    mundo.
Hace no tanto,
que me perdonen los nacionalistas,
no existía bandera alguna ni el contorno de ninguna
    nación.
Hace no tanto,
que me perdonen los creyentes,
a Dios había que inventarlo y no era necesario matar por
    Él.
Hace no tanto,
que me perdonen los racistas,
mi culo, tu culo, el culo de todos era un culo del todo
    negro.

(Varios autores, *Libro libre*, 2013)

Juan Luis CALBARRO

Zamora, 1966.

Editor, escritor y traductor. Vive desde 2004 en Palma de
Mallorca. Es autor de los poemarios *Trébol* (1994, en
colaboración con Julio Marinas), *Elegía sajona* (1998),
Circunstancias de la metamorfosis (1998), *Sazón de los barrancos*
(2006) y *Museos naturales* (2013), cuyos mejores poemas
quedarán recogidos en breve en el volumen *Caducidad del
signo. Poesía reunida (1994-2016)*; y, además, de *Memorias de
Chanita Suárez. Materiales para la etnografía y la historia de
Fuerteventura en el siglo XX* (2004), *La mano y la mirada. 2005:
el año artístico en Palma* (2006), *No había más que empezar.
Selección de artículos de asunto político 2006-2010* (2010),
Apuntes sobre la ideología en la obra de César Vallejo (2013) y
Diez artistas mallorquines (2013).

CONTORNOS

A María Ángeles Pérez López
A Ashraf Fayad

Trazaba líneas, yo.
El niño: armado.
Yo empuñaba el apero y ya buscaba
dulzuras de sus pómulos, ya aristas
de su fiebre. Mis ojos
de luces intentaban cubrir su busto, y sombras,
disimular el frunce radiante de sus labios.
Torpe caligrafía: tropezaba en sus lóbulos
tan tiernos como páginas,
en clavículas
duras como culatas.
Él disparaba.
A nadie. A todo.
Disparaba y
todo el trabajo de mi vida ardía. Pero,
en mi sueño, yo seguía
destilando las líneas de su rostro:
ahora era aterido campesino.
Y mi lápiz no podía delinear
la herida de su boca.
Había golpeado el capataz,
mi verso en sangre negra naufragaba. Pero,
en mi sueño, yo seguía
trazando los contornos.
Había una mujer violada.
Un niño armado.
Un campesino.

Un lapicero:
podía seguir rodeándolos de signos.

(Museos naturales)

Julio MARINAS

Zamora, 1964.

Es profesor de inglés y autor de los poemarios *Trébol* (1994),
en colaboración con Juan Luis Calbarro; y *Criaturas de sexo*
(1997). Su última publicación es un libro recopilatorio titulado
Poesía incompleta (1994-2013) (2013), que agrupa los dos
poemarios anteriores y dos inéditos: *Meditaciones tras el
combate* y *Búsqueda de natura.*

ANIQUILACIÓN DEL SER

I. FRANCOTIRADOR

Yo soy Dios y mis ojos os contemplan. Observan
vuestra estéril esencia atravesar la calle
que conduce a mi reino de tronos elevados.
Desde allí elegiré tu sangre para ser
nombrada en la memoria. Y aunque la duda os guíe
en otra dirección y extraviéis el camino
que muestra la verdad, cada uno sostenéis
una bala de Dios entregada al martirio
del disparo. Así sea mi voluntad, sellada
en búnkeres de fe, que os libre del desierto
de hormigón y ladrillos a través de mis actos.

De mí también sabréis por mis actos. Yo soy
Diablo, la otra luz que rechina, que cruje,
que espera vuestra sangre escupida en el suelo.
Sois caprichos de mi odio, solo sois una bala,
nada más merecéis. Que mienta vuestros nombres,
que la verdad abrase vuestras retinas. Sea
mi voluntad un juego de muñecos. Aquel,
por su lengua contraria. A ti, porque tu falda
es azul como un cielo sin manchas que aborrezco.
O porque tienes barba o tu piel es morena
o diáfana o verde. Porque sois mi pecado.

Dios y Diablo no mueren. Solo perece el hombre.

II. EXTERMINIO

Sábanas que se cierran cual mortaja
asfixian la oquedad amontonada
en esta habitación. Es más sufrible
la tortura enemiga que sentir
cómo un invierno inmóvil va extendiéndose
por mi pueblo. Y comentan que la suerte
se alió con mi sino, que ninguno
despertó de aquel cielo deletéreo.
Pero haber regresado no es ya un don
de vida, sino herrín que va estancando
mis venas. ¿Por qué sobro? ¿Por qué somos
sentencia de extinción o selección?
¿Nos despreció natura o solo el hombre
extermina su esencia?

(*Meditaciones tras el combate*)

Kepa MURUA

Zarauz, Guipúzcoa, 1962.

Es autor de los poemarios *Siempre conté diez y nunca apareciste* (1999), *Cavando la tierra con tus sueños* (2000), *Un lugar por nosotros* (2000), *Cardiolemas* (2001), *Las manos en alto* (2004), *Poemas del caminante* (2005), *Cantos del dios oscuro* (2006), *No es nada* (2008), *Poesía sola, pura premonición* (2010), *El gato negro del amor* (2011), *Escribir la distancia* (2013), *Ven, abrázame* (2014) y *La felicidad de estar perdido* (2015); los libros de ensayo *La poesía y tú* (2003), *La poesía si es que existe* (2005), *Del interés del arte por otras cosas* (2007) y *Contradicciones* (2014); los libros de arte *Itxina* (2004), *Flysch* (2006) y *Faber* (2009); las novelas *Un poco de paz* (2013) y *Tangomán* (2015); y un par de libros de memorias que recogen los años de vida de la editorial Bassarai: *Los pasos inciertos. Memorias de un poeta metido a editor (1996-2004)* (2012) y *Los sentimientos encontrados. Diario de un poeta metido a editor (2005-2007)* (2016).

NO LO PARECE

No lo parece, pero la vida tiene
los ojos abiertos de un azul liso
como el mar que nos separa desde la puerta.

No lo parece, pero el amanecer
convierte al aletargado aliento en penumbra
del caminante solo.

No lo parece, pero diminuta
cada piedra guarda arena en los ojos del cielo
de la desigual tierra.

No lo parece, pero las sombras son puertas.
Los barrotes cerraduras, las caricias llaves
que sujetan el pulso del pensamiento.

(Poesía sola, pura premonición)

Luis INGELMO

Palencia, 1970.

Es licenciado en Filología Inglesa (Universidad de Salamanca) y en Filosofía (UNED). Ha vivido durante siete años en los Estados Unidos, donde estudió Pedagogía en la DePaul University de Chicago, ciudad en la que fue docente de español. Sus cotraducciones con el poeta irlandés Michael Smith incluyen, entre muchas otras, a Elsa Cross, Verónika Volkow, Claudio Rodríguez y Aníbal Núñez, así como las de clásicos tales como Fernando de Herrera y Gustavo Adolfo Bécquer. Ha traducido al español, entre otros, a Larry Brown, Martin Carter, Thomas MacGreevy, Wole Soyinka, Natasha Trethewey y Derek Walcott. En la actualidad prepara traducciones de Charles Simic y Christopher Marlowe. Es también autor del libro de relatos *La métrica del olvido* (2011) y del poemario *Aguapié* (2013). En breve aparecerá su colección de trabajos de crítica literaria *El crujido de la amapola al sangrar*.

CARTA DEL FRANCOTIRADOR SUICIDA A SU HIJA

A Allen Ginsberg
A Ashraf Fayad

He visto la piedra lamiendo el vodka neurótico vomitado
sobre las baldosas de mi niñez,
a la nieta de mineros escondiéndose tras la gabardina
azul de su príncipe de una noche,
al corro de enfermeras proclamando sus logros a locos
visionarios sin identidad ni más credenciales que una
barba rabiosa y la mirada perdida durante días y noches
de caza apresada en el cañón de su propio fusil,
al bizco guardando la entrada del antro subterráneo, có-
pula y templo del secreto de la muerte hecha vida, in-
discriminada de cubitos de hielo que resbalan deshe-
chos por entre las grietas del negro de los zapatos.

Os he visto a todos, magnates de vuestra propia alma,
negociando un pedazo de tierra sepulcral colgada al
cuello
mientras ases mangantes se esfuman dejando que el ta-
pete traiga noticias de los infiernos
(un tiro en la sien del yacente, pies y manos atados a barrotes de madera, miles de premios, bocas barnizadas
con cárdeno carmín, columna de a dos aparcando hí-
menes sedientos en océanos de cal),
y he visto a Barrabás paseando con el samaritano por las
calles adoquinadas, orinando renacuajos a la luz de las
velas de neón, elevando veinteañeras inconscientes
hasta un cielo sin sueños.

Un pelillo ensortijado hace equilibrios al borde del retre-
te de pared para no caer en el rugido del torbellino;
aquí hasta las colillas se disfrazan de venturas y resuci-
tados beodos.

Llueven magnolias teñidas de añil, salpican los parabrisas
las legañas de querubines castrados, una familia de per-
digones corre calle abajo en busca de botellas empapa-
das con el sudor de tres noches insomnes, una trenza
recula ante el hedor del callejón: diez años de vejigas
escurridas entre poemas y el suelo por almohada.

Me alimento de soledad y aguardiente, he engordado
diez kilos a base de saltamontes y otras chucherías, he
comprado un orinal para las goteras de noviembre, es-
cupo lágrimas sobre los restos desparramados de glo-
bos de colores.

Las guerras se ganan o se pierden según la comida que
engullas;
el vapor heliótropo de voces enclaustradas entre lomos
tozudos rellena los bolsillos de gerifaltes y te desinfla
los tuétanos.

Resoplan los espejos cuando me sienten cerca,
se ha coagulado mi sangre en el cáliz,
dos pelotas de papel de aluminio se desmoronan en bos-
tezos sobre el césped y fingen que ha llegado el alba de
sus recuerdos ensimismados.

                                        . (Aguapié)

María Ángeles PÉREZ LÓPEZ

Valladolid, 1967.

Es poeta y profesora titular de Literatura Hispanoamericana
en la Universidad de Salamanca. Ha publicado los libros
Tratado sobre la geografía del desastre (1997), *La sola materia*
(1998 Premio Tardor), *Carnalidad del frío* (2000 Premio Ciudad
de Badajoz), *La ausente* (2004) y *Atavío y puñal* (2012), así
como las plaquettes *El ángel de la ira* (1999) y *Pasión vertical*
(2007). En *Catorce vidas (Poesía 1995-2009)* se recogió toda su
obra hasta 2010. Antologías de su obra publicadas a lo largo y
ancho de España e Iberoamérica son *Libro del arrebato* (2005),
Materia reservada (2007), *Segunda mudanza* (2012), *Mecánica y
pasión de los objetos* (2013), *Memorial de las ballenas* (2014),
Cicatrices de aire (2014) y *Mordedura de tiempo* (2014). Acaba
de publicar su libro *Fiebre y compasión de los metales* (2016),
con prólogo de Juan Carlos Mestre. Como investigadora es
autora de *Los signos infinitos. Un estudio de la obra narrativa de
Vicente Huidobro* (1998) y de numerosos artículos; ha editado y
prologado a autores como Vicente Huidobro, Nicanor Parra,
Juan Gelman o Ernesto Cardenal; y es coeditora de *Letras y
bytes: escrituras y nuevas tecnologías* (2015).

HAIKÚS DEL LÁTIGO

a Ashraf Fayad

Flor que se encrespa
y muerde con su boca
todas las letras.

∞

Lengua que estalla.
Barrera del sonido
que se desangra.

∞

Onda de choque.
En su veloz frecuencia,
chasquido innoble.

∞

Arde la lava
que inscribe su violencia
sobre la espalda.

∞

Cuerda de odio.
Soga, cordel, correa
silban sinónimos.

∞

Hilo de aire
que va pespunteando
el cuerpo exangüe.

Marta AGUDO

Madrid, 1971.

Es doctora en Filología Hispánica. Ha publicado los libros de poemas *Fragmento* (2004) y *28010* (2011). Su obra ha sido traducida al griego e incluida en las antologías *Poesía Pasión. Doce jóvenes poetas españoles* (2005), *Palabras sobre palabras. 13 poetas jóvenes de España* (2010) y *12 + 1. Una antología de poetas madrileñ@s actuales* (2012). Además coeditó la antología *Campo abierto. Antología del poema en prosa en España (1990-2005)* (2005) y coordinó con Jordi Doce el volumen *Pájaros raíces. En torno a José Ángel Valente* (2010). Entre 2004 y 2008 dirigió la colección de poesía y pintura El Lotófago, de la Galería Luis Burgos (Madrid). Es responsable de las ediciones de Francisca Aguirre, *Los trescientos escalones* (2012), y Ana María Navales, *El final de una pasión* (2012). Ese mismo año publicó un estudio sobre los años de Valente en Madrid: *Valente vital* (2012). Ha traducido a Joan Vinyoli.

... DE síes: mano que, sujeta, preserva su gesto libre.

(28010)

Máximo HERNÁNDEZ

Larache, 1953.

Vive en Zamora. Es autor de, entre otros, los siguientes títulos de poesía: *Cotidianidades* (1995), *Desde la isla* (1998), *Rumor de tu existencia* (1998), *Cerimonial do tempo* (1998), *Ciudadano Humo* (1999), *Matriz de la ceniza* (1999, Premio José Hierro), *La eficiencia del cielo* (2000), *Zooilógico* (2004), *La conspiración del dolor* (2007) y *Entre el barro y la nieve (antología 1985-2008)* (en prensa). Su obra ha aparecido en numerosas antologías y revistas. Además, firmó los cuadernos de greguerías *Algo más que un paseo* (1996) y el relato *El espejo nocturno* (1997, Premio Francisco García Pavón).

EJECUCIÓN

Porque el bochorno augura
el vendaval de otoño,
unos ojos de ira
deshojarán tus ramas
y un buitre de dolor
dará sombra a tu boca
de animal moribundo.

En ti se han reunido las condenas
que reptan por la historia.
Tuyo es el escarmiento prevenido
para aquellos que viajan al futuro.
Para ti será el peso
de la antigua advertencia.
Para mí los minutos
que despeñan tu vida.

En ti tienen cobijo
las hogueras del hombre.
Tuyo será el aullido de la saciada luna
en el calvero oscuro del bosque mutilado.
Para ti será el fuego
que incinera los huesos.
Para mí será el frío
de las horas de niebla.

En ti yacen las furias
del hombre inhabitable.
Tuya será la venda
que ha cubierto los ojos
de la dama nocturna.

Para ti será el miedo
al cuero endurecido.
Para mí la zozobra
por ser un dios de carne,
y el horror de los siglos.

(Ciudadano Humo)

Miguel Ángel MALO

Guadalajara, 1966.

Actualmente reside en Salamanca, donde trabaja como profesor de economía en la universidad donde Unamuno fue rector. Se dedica a la literatura desde poco antes de los veinte años, sobre todo escribiendo cuentos. Hasta los veinticinco años obtuvo algunos premios literarios juveniles o locales y publicó algunos relatos en revistas como *Parole* y periódicos como *Diario de León*. Posteriormente pasó por un largo período sin apenas publicaciones, aunque sin dejar nunca de escribir. En los últimos años ha reiniciado la tarea de dar a la luz sus cuentos, fruto de la cual es el volumen *Los trigos tan azules* (2016).

243

LA MUJER QUE CANTA

Para Ashraf Fayad

Ese domingo no me tocaban los niños. Sin embargo, decidí hacer lo mismo que tanto les gustaba desde que empezó la primavera: ir por la tarde al final de la avenida, ya muy cerca del río, para ver a la mujer que canta. La descubrí un día que, al salir del trabajo, no me apetecía volver a casa tan pronto y di un rodeo. Fue una casualidad, porque luego aprendí que en los días de diario muy pocas veces se ponía allí a cantar. Desde entonces, muchas tardes empecé a usar el camino largo no más que para oír cómo la potencia de su garganta se sobreponía a la música grabada. Después de escucharla, era capaz de volver a casa y llamar a los niños, y a Nadia no parecía importarle. En las tardes de mis fines de semana, comencé a llevarlos allí y les gustó tanto como a mí. Una vez, en un descanso entre canción y canción, los llamó y habló con ellos un rato. Estaban maravillados: la mujer que tenía aquel don se había fijado en ellos. No pararon de hablar de ella en todo el fin de semana.

Pero ese domingo no estaban ni ella ni la pequeña multitud que la solía rodear; una pequeña multitud que no estorbaba a nadie, porque en esa época la policía cortaba el tráfico sábados y domingos en toda la avenida. Los niños y los jóvenes eran los dueños de la carretera con sus patines en línea, igual que mis hijos cada par de domingos. Llegué hasta la misma esquina donde ella solía estar y di un par de vueltas desorientado. En algún momento, eché a andar y terminé en la orilla del río: no hice más que ir bajando la cuesta suave hasta la ribera. Como cuando era joven y me gustaba leer poesía, me senté en uno de los bancos de madera frente al río, pero esta vez para ver bajar la corriente. Nada más.

Por eso, hasta pasado un buen rato, no me di cuenta que un poco más allá dos hombres más jóvenes que yo hablaban. El rumor del río me ocultó el ruido de sus palabras hasta que uno, el que no fumaba, le habló más fuerte al otro. Era una conversación de sonidos que no comprendía. Algunas parejas que paseaban cerca del río les miraron de lejos sin acercarse. El que fumaba tiró el cigarro sin apagar hacia el río. Callado, se subió la parte de atrás del jersey y asomaron unas cicatrices largas, sobresalientes, como gusanos detenidos para siempre sobre la espalda. El otro dejó de hablar y acercó una mano a la más grande. Justo antes de llegar a tocarla, se detuvo y levantó la mirada. Me vio observándolos. Giré la cabeza hacia otro lado y allí estaba el río, como siempre. Y gente paseando. Sentí calor y me aflojé el cuello del jersey. Entonces pasaron los dos hombres delante de mí. El que no fumaba le palmeaba despacio la espalda al otro, que se esforzaba en encender un nuevo cigarrillo. Le hablaba con el mismo tono con que se tranquiliza a los niños. Por un momento, el humo del tabaco me devolvió el viejo deseo de fumar.

Me quedé mirándolos hasta que los perdí de vista. Esperé un buen rato antes de emprender el camino a casa. Era prácticamente de noche cuando me levanté del banco. Volví al final de la avenida y la mujer que canta seguía sin estar allí. La policía acababa de abrir la avenida a los coches, pero apenas había tráfico. Regresé a casa despacio, parando en casi todos los escaparates.

246

Al entrar en mi piso, sonó el teléfono. Era Nadia. Los niños se habían puesto muy pesados y no querían irse a la cama sin darme las buenas noches. Le dije bueno, pásamelos, pero Nadia me preguntó antes qué te pasa, y yo contesté que nada, nada, qué me va a pasar. Cuando se pusieron, intenté contarles que, aunque ese domingo no habían estado conmigo, yo había ido como siempre hasta el final de la avenida; pero ninguno quiso saber si había visto ese día a la mujer que canta.

Montserrat VILLAR

Orense, 1969.

Actualmente vive en Salamanca. Ha publicado varios libros de poemas: *Tríptico de mármol* (2010), *Ternura incandescente* (2012), *Tierra con nosotros* (2013), *Desde la otra orilla* (2014) y *Bitácora de ausencias* (2015). Su obra ha sido objeto de una antología bilingüe gallego-castellano: *Terra en mármore e tenrura* (2014). Es profesora y traductora. Parte de su obra ha sido traducida al portugués, al gallego y al inglés. Escribe en varios medios de comunicación y preside la Asociación Cultural PentaDrama.

LIBERTAD

Hay una palabra en el pecho
que cada tarde lucha por abrirse camino
para anclarse en la mudez de otros.

Una palabra que se convierte en versos
en dibujos, en canciones
que se hacen eco en nuestros oídos.

Una palabra que puede hacer crujir los cimientos
de cada edificio poblado por sordos.

Una palabra por la que cortan manos,
lenguas y sueños,
blandiendo espadas sangradas de sinrazones.

Una palabra que es muerte. Pero es morada
acogedora de intenciones y deseos.
A la que abrazamos cada noche
y desperezamos cada día,
esperando que no se nos borre de la mirada.

Una palabra que busco en cada cuerpo
sin que magulle el mío
al compartirnos.

Ponç PONS

Alayor, Menorca, 1956.

Es profesor de Secundaria en su localidad natal. Ha publicado los poemarios *Dins un perol d'aigua infecta* (1977), *Quadern d'amorositats i altres interferències* (1979), *Al Marge* (1983), *Lira de Bova* (1987), *Desert encès* (1989), *Faunes que fugen* (1992), *On s'acaba el sender* (1995, Premio Ciudad de Palma), *Estigma* (1995, Premio de la Crítica Josep Maria Llompart), *El salobre* (1997, Premio Carles Riba), *Abissínia* (1999), *Pessoanes* (2003, Premio Alfonso el Magnánimo y Premio de la Crítica de la Asociación de Escritores en Lengua Catalana), *Llamas escritas. Antología poética / Flames escrites. Antologia poètica* (2005), *Nura* (2006, Premio Nacional de la Crítica Catalana y Premio de la Crítica Serra d'Or) y *Camp de bard* (2015); el drama *Lokus* (2009); el dietario *Dillatari* (2005); el libro de relatos *Vora un balcó sota un mar inaudible* (1981); y numerosos libros infantiles y juveniles como *Memorial de Tabarka* (1993) o *El rastre blau de les formigues* (2014). Ha traducido a Sophia de Mello Breyner Andersen y a Salvatore Quasimodo, entre otros, y su obra ha sido vertida a su vez a varios idiomas.

AFORISMOS

La democracia sólo dura un día, el de las elecciones. Votamos pavlovianamente y nuestra libertad comienza donde termina la de los banqueros y los políticos.

Harto de los que dicen que Dios ha dicho y lo imponen.

Los pájaros no son conscientes de su canto. Muchos poetas, tampoco.

Escribir es trazar un camino de palabras para salir de uno mismo y llegar a los demás.

La poesía es lo que marca la diferencia entre ver llover y sentir llover.

Mentalidad capitalista. Los mejores paraísos son los fiscales.

De agricultura. Ver crecer los tomates, las berenjenas, los pimientos, beberse el sol a través del verdor dorado del aceite de oliva, abrir la fresca y jugosa rojez de una sandía, sentir en la boca el estallido dulce de las fresas, leer a Montaigne, Torga, Canetti, pasear por el campo, ser un hortelano de los apuntes.

Más que todos, cada uno.

Versos que son surcos donde crecen bellas semillas de humanismo, sabiduría y arte.

El Sils Maria de Nietzsche, el Totnauberg de Heidegger, el Skjolden de Wittgenstein... Lugares eremíticos donde el pensar se ha hecho filosofía.

Boom turístico: un *finis mundi*.

La mujer le dijo que tendría que vaciar la casa de libros porque ya no cabían en ella y él mismo le ha hecho las maletas y le ha abierto la puerta de la calle.

La periferia es el mundo. La culpa, siempre de los otros.

Lapidario Wittgenstein: "¡Me hubiera gustado discutir con Dios!". ¿Y amenazarle con el hierro de remover el fuego, como hiciste con Karl Popper? Yo me conformaría con saber seguro que existe.

Abecedario. Sorprende que veintisiete letras hayan podido dar para tanto.

Tiene el corazón a la derecha y llora con un ojo. Es un políglota de la mentira.

Más que adornar ideas puras, pasiones abstractas, intentar su encarnación. El amor debe ser palpable. Si no amas, no vives.

Un amigo es aquel por quien te alegras cuando os presentáis a un premio y lo gana él.

Mutantes televisivos, somos un país con altos índices de anorexia cultural.

Mientras los periódicos van llenos de noticias que demuestran la mala marcha del mundo, las higueras hacen su curso y empiezan a dar fruto.

¿Tenía Dios necesidad de crear el hombre? ¿Tiene Dios necesidades, Martin Buber?

En la Literatura también hay parásitos.

Es curioso ver como Wittgenstein, que no es precisamente un hombre de buen carácter, recomienda: «Vive feliz», o anota: «Seria es la vida, alegre es el arte».

La Literatura es la amante que muchos no quieren compartir más que con los muertos.

Para dominar la naturaleza es esencial obedecerla, aseguraba Bacon. ¿Y la naturaleza sexual?

Un cerebro que se flagela, un estilo que muerde.

Deja de lado a los que te quieren mediocrizar y aléjate de los depredadores. Guía y modelos a seguir, respeta siempre tus maestros y si tienes que competir que sea con los más grandes.

Escribo para salvar la línea natural del horizonte.

Leer un diario es como entrar en una mala obra de teatro del absurdo, como ver actualizados y con fotografías el purgatorio y el infierno de Dante.

Romanticismo. ¿Simples cuestiones de serotonina?

Soy un hombre libre y me niego a odiar a nadie. Mi mundo no es de este reino.

No debemos escribir para ganarnos la felicitación de nadie. No somos mendigos de elogios.

Es de noche y el cielo está estrellado. Quiero creer que un día Dios sacará la cabeza por detrás del decorado del universo y, sonriente, me guiñará un ojo.

Un poema donde cada verso es una cicatriz.

El fanatismo político que justifica los fallos propios y magnifica los contrarios. Gente que, en lugar de ideología, sólo tiene carnet de partido.

Lugares donde llegas con el ansia de regresar a casa. Lugares donde cada día es una despedida.

¿Clase política? Maquiavelo al menos era un tipo inteligente.

Una buena lectura es un masaje en el cerebro.

Suspiramos por elogios, premios, reconocimientos... y al final, cuando los conseguimos, acabamos dándonos cuenta, como Leopardi, de "l'infinita vanità del tutto".

Competitividad, Productividad, Rentabilidad. He aquí la gran consigna, el feroz lema, la biblia del nuevo orden mundial. Si no me equivoco, negocio era lo que se hacía sin gozo ni ocio.

Simplificar, sí, y escribir con lápiz por el campo te obligaría a llevar un sacapuntas.

Un milagro es un milagro.

Ha llovido tierra que viene del sur y las casas, las calles, los coches... están sucios de barro. Como si toda la miseria de África nos hubiera caído encima, pero ni así nos concienciamos.

La incomprendida viveza de Santa Teresa que, además de dejar bien claro: "Que divertirme hago", ya llamaba "autoridades postizas" a los gobernantes de su tiempo y definió el infierno como: "Ese lugar pestilente donde nadie se ama".

Se quería comer el mundo, hasta que lo probó y vio que era indigesto.

El materialismo ya es histórico porque no ha sido dialéctico.

Parece que en Literatura queda mejor y resulta más progre vomitar una amarga frustración que exteriorizar una sabia y bucólica felicidad.

Autores como Edith Stein, Hopkins o Max Jacob que, ante la incomprensión del mundo, escriben para Dios y lo ponen como único crítico de su obra.

El católico pecado de la papalatría.

Ser más que inclasificable, un poeta infalsificable.

Que sea real no implica que siempre sea racional, maestro Hegel.

La religión del Arte, la verdad del Sexo, la aspiración de Absoluto.

Leen lo que no entienden y dicen lo que no saben.

Damos vueltas a Dios como el burro con anteojeras que saca agua de la noria.

Ser ricos de los libros que hemos leído y las personas que hemos amado.

Mulier sum et nihil humanum a me alienum puto.

La arrogante seguridad de los jóvenes. La indefensa duda de los viejos.

Vuelvo a Wittgenstein y me parece más fácil de entender el mundo de la lógica que no la lógica del mundo.

No sólo de pan vive el hombre. Necesitamos companaje.

Escribir es compartir pasión y conocimiento.

Hacer buenos libros comestibles para culturizar el tercer mundo.

Tener tiempo para poder ser porque a Heidegger ya no le quedan Ser ni Tiempo.

La física es la meta de la metafísica.

Racionalismo. Descartes prometiendo ir en peregrinación al santuario de Loreto si la Virgen le ayuda a salir de dudas sobre la posibilidad de distinguir lo verdadero de lo falso.

La chair est triste, sí, sobre todo cuando no se tiene otra para compartir la ternura, el amor, el sexo...

Hacer extraordinario lo real y real lo extraordinario.

Siempre acabamos añorando los lugares donde no hemos estado y lo que no hemos visto ni hecho.

La naturaleza nos muestra la grandeza de Dios, pero es en los amigos/as donde veo su rostro.

(*El rastre blau de les formigues*;
traducción al castellano del autor)

Rafael-José DÍAZ

Tenerife, 1971.

Es profesor de instituto en su isla natal, escritor y traductor.
Es autor de los poemarios *El canto en el umbral* (1997),
Llamada en la primera nieve (2000), *Los párpados cautivos*
(2003), *Moradas del insomne* (2005), *Antes del eclipse (2003-
2005)* (2007), *Detrás de tu nombre* (2009), *La crepitación. Poesía
reunida 1991-2006* (2012) y *Un sudario* (2015). En el terreno
de la narrativa ha publicado *Algunas de mis tumbas* (2009),
Disolución (2012), *El interior del párpado* (2014) y *Las
transmisiones. Veinticuatro lugares y una carta* (2014). También es
responsable de una serie de diarios: *La otra tierra (marzo-
diciembre de 1995)* (2004), *Las laderas del rostro (enero-marzo de
1996)* (2004), *Al pie de las constelaciones* (2004) y *La nieve, los
sepulcros: diarios (abril de 1996-septiembre de 1997)* (2005); y
del ensayo *Rutas y rituales* (2007). Así mismo ha publicado
varios libros en colaboración con pintores.

CARTA A ASHRAF FAYAD

En un lugar de este mundo
yo te conocí o te conozco
aunque no te conozca nunca.
Quizá en un intercambio de destinos
hubiera podido yo ser tú
y hubieras podido tú ser yo.
Estoy seguro de que entonces
tú hubieras escrito algo parecido a esto
que intento ahora escribir yo.
Algo parecido a una carta o a una oración,
unas pocas palabras de aliento
que leer en el silencio de una celda
como si pudiera decírtelas yo mismo en tu lengua
o tú mismo a ti mismo en la lengua del alma,
antes de dormir
y en cada amanecer.
Es tan fácil decir esas palabras
y es tan difícil ser tú para escucharlas.
Yo intento escucharlas antes de decírtelas.

Rafael MORALES BARBA

Madrid, 1958.

Es poeta, crítico literario y profesor de Literatura en la
Universidad de Autónoma de Madrid. Sus poemarios son
Canzoni di deriva (2007), *Climas* (2013 y 2015) y *Canciones de
deriva* (2014). Como estudioso de la poesía española
contemporánea ha publicado los siguientes títulos: *Última
poesía española* (2006), *La musa funámbula. La poesía española
entre 1980 y 2005* (2008) y *Poetas y poéticas para el siglo XXI en
España* (2009). También es coautor de *El silencio y la escucha: la
poesía de José Ángel Valente* (1992, edición de Antonio García
Berrio y Teresa Hernández), *Matriz desposeída. Últimas voces
de la poesía en Extremadura* (2013, con Mario Martín Gijón) y
De tu tierra (2015, con Ricardo Virtanen).

HOMBRES ALZADOS: ASHRAF FAYAD COMO MAHMUD DARWISH

"¿Pero vivimos todavía en un mundo rebelde? ¿La rebelión no se ha convertido, por el contrario, en la coartada de los nuevos tiranos?", se preguntaba Albert Camus por 1951 en *El hombre rebelde*, un libro tan célebre generacionalmente como *El hombre unidimensional* de Marcuse, ya en la década de los 60. Antes, el oraní había sentenciado al insurgente como un sublevado, un alzado, el hombre harto que dice no. Ese sujeto corajudo interpone una frontera entre lo visto y él, entre algunos otros y él. Tiene, en alguna medida al menos, razón, decía el hiperactivo y atento escritor. Si las preguntas de Camus eran retóricas, pues las respuestas eran obvias, las réplicas del tiempo no dejan de darle la mano desde Ashraf Fayad o los valientes campeadores de la razón, de los derechos del hombre, de la realidad que apenas soportamos, pero convivimos como si no fuera con nosotros. Y sin embargo esas heridas llegan y llagan, a veces con gran dureza gracias a la prensa. O a casualidades como la de un familiar que denuncia la situación de su hermano preso en un país amigo. Amigo, pero con leyes medievales, y más para un don nadie, un palestino —dicen los habaneros con desprecio para los de Oriente. Para un hombre condenado a muerte por escribir versos o filmar una manifestación. Si nuestra indiferencia plegada a la dictadura de la tecnología y el mundo suficientemente bien hecho, *ordenado* o con cierto orden, no es sacudido por estas llamadas de atención, no lo será por nada... Qué feliz habría sido Goethe en ese mundo perfecto. Pero frente al orden están las *banlieues*, los pobres, los molestos pobres y testigos de un mundo insoportable, contra el que se alzan, y lo filman como Ashraf, o ven caer hasta lo más frágil, como pueda ser la poesía, la casa de la poesía, como Mahmud Darwish. La casa del horror para los parias, los que no viven en la Edad Media y no son occidentales en urbanizaciones de lujo y pagadas como tal, lo ha denunciado Fayad con su cámara. Su delito es una acusación falsa en contra del Islam y haber filmado una carga policial. Primero la muerte, ahora ocho años de cárcel y ochocientos latigazos, solamente, para este bogavante o remero que impulsa la nave del progreso en la Edad Media saudí. Aún recuerdo a un yemení, hablo de hace treinta años, armado con un kaláshnikov, que al ver un avión lo llamó diablo, según nos tradujeron aquellos amigos de la amistad hispanoárabe. Un policía en Argelia nos dejó de hablar en otro viaje, y no cualquiera, sino el jefe de la cabilia, cuando se enteró de que uno de los viajeros era ateo, pues tuvo la indiscreción de decírselo. A Darwish le derribó la casa de la poesía la prepotencia y a Fayad la casa del cuerpo, la Edad Media. Si un latigazo, solo uno, cayera sobre su cuerpo, todos los políticos de Europa, hechos el hombre de César Vallejo, deberían echarse hacia adelante y ponerse a andar. O si sigue un solo día más en la cárcel el cordero pascual.

Ramón GARCÍA MATEOS

Salamanca, 1960.

Reside en Cambrils (Tarragona), en cuyo instituto es catedrático de literatura. Fundó y dirigió la revista *La Poesía, señor hidalgo*. Ha publicado los libros de poemas *De una eterna voz* (1986, conjuntamente con Leopoldo de Luis), *Triste es el territorio de la ausencia* (1998, Premio Blas de Otero), *Como el faro sin luz de la tristeza* (2000, Premio González de Lama), *Lo traigo andado* (2000), *De ronda y madrugada* (2001), *Morfina en el corazón* (2003, Premio Rafael Morales), *Como otros tienen una patria* (2007, Premio Ciudad de Salamanca), *Rumor de agua redonda (Antología 1998-2010)* (2010) y *De los álamos el viento* (2013). Con *Memoria [amarga] de mí* (2006), un libro con apariencia de dietario, en palabras del autor, "paga una antigua deuda con la poesía y la amistad". Por *Baza de copas. Ajuste de cuentas* (2012) recibió el Premio Tiflos de Cuento. Acaba de publicar el libro de relatos *Verdades y fingimientos* (2016).

Fruto de su dedicación a los estudios literarios es el libro *Del 98 a García Lorca. Ensayo sobre tradición y literatura* (1998). En recuerdo y homenaje del poeta José Agustín Goytisolo coordinó y editó el volumen misceláneo *Tempestades de amor contra los cielos. Homenaje a José Agustín Goytisolo* (2000), de cuya *Poesía Completa* (2009) fue también editor crítico junto a Carme Riera. Es responsable de la antología *Palabras frente al mar* (2003) y ha traducido al español la obra poética de Gerard Vergés, *La raíz de la mandrágora* (2005).

ESE LARGO Y ANGUSTIOSO ESCALOFRÍO

Recordando al poeta Ashraf Fayad

El miedo.

El miedo, como una serpiente, repta sigiloso por la oquedad turbia de los pulmones, paraliza el silencio con su aliento mefítico y nos sumerge en el pozo atorado del desasosiego.

El miedo, engendro de la noche, se apodera de la luz y del tiempo y se hace cotidiano en nuestro andar por las calles, al subir escaleras, al deletrear las palabras grabadas en los letreros luminosos, en la quietud inmensa del mar contra la tarde.

El miedo, ese largo y angustioso escalofrío que parece mensajero de la muerte en un cuento de don Ramón del Valle-Inclán. Ese estremecimiento opaco que presagia la tragedia ante la contemplación de una radiografía. Esa desazón en la boca del estómago que provoca el vómito y la huida.

El miedo.

Un miedo que aparece cuando cruzas la frontera de los años, sin que nadie lo llame, sin que nadie lo espere, aguardando una señal imperceptible para clavar sus colmillos en el cuello desnudo de la incertidumbre.

Un miedo inexistente en pretérito, miedo en presente, miedo en un futuro que no quisiéramos de indicativo.

Un miedo a ráfagas, emboscado tras los cristales tintados del deseo, bajo la alfombra donde duermen invisibles los ácaros, entre las piernas de una prostituta heroinómana: destellos de miedo que deslumbran todas las certezas.

El miedo.

El miedo azulado entre las volutas de humo del tabaco que ya no nos abandonará jamás.

Regino MATEO

Santander, Cantabria, 1965.

Es licenciado en Derecho y en Filología Hispánica. Trabaja como técnico de Cultura en el Ayuntamiento de Santander, aunque buena parte de su actividad profesional ha estado ligada a la animación cultural y la crítica musical y literaria. Ha publicado los poemarios *Seis días de viento sur* (1990, Premio José Hierro de Poesía para jóvenes), *Prèludes: sobre una música de Claude Debussy* (1991), *Cuerpo presente* (1992, Premio Consejo Social de la Universidad de Cantabria), *Del viento y su queja* (1995), *Blue Moon* (1997), *Noticia de un pequeño reino afortunado* (2000, Premio Alegría) y *La mirada caliza* (2011). Además, sus poemas han aparecido en varias antologías y volúmenes colectivos de poesía.

TEOLOGÍA LINGÜÍSTICA

En el principio era el Verbo.

El poeta, que crea
universos sutiles
enhebrando palabras
sobre el papel en blanco,
les resulta antipático
a los dioses voraces
y a sus voceros.
       Llena
de libertad el viento,
poeta, de misterio
la canción de la lluvia,
de soledad el alma
aunque sea tu vida
un exilio infinito
al borde del abismo.

Quizás aprenderán
tus verdugos un día
que sus dioses no existen
sin los versos valientes
que tramas tú, despacio,
palabra tras palabra.

Ricardo HERNÁNDEZ BRAVO

El Paso, La Palma, Islas Canarias, 1966.

Es profesor de Secundaria. Ha publicado los siguientes libros de poesía: *El ojo entornado* (1996), *En el idioma de los delfines* (1997), *El aire del origen [Poemas 1990-2002]* (2003), *La tierra desigual* (2005), *Alas de metal* (2008) y *Los posos de la sed* (2014). Además es autor de *Siete cuentos* (1997).

BÁJENME A DIOS CON TODA SU ESTATURA,
venga y vea su enseña en la barbarie,
préstenle ojos y cuello con que niegue
esta diáspora de hambres arrastradas,
el plomo con que cargan sus verdades,
su luz arrojadiza contra el mundo.
¿Por qué me lo malquieren
tanto que así le corren a bombazos,
por qué le sacan al pobre los colores
de este muerto trapero que le clavan,
junto a la sien su amor amartillado,
sus promesas de paz antipersona,
sus muros de hermandad sobre la tierra?
¿Por qué nos viene grande en este cuerpo
la cintura que puso en nuestras manos,
por qué montamos guardia siempre,
almas de dios chiquito,
para tan padre dios,
para tan hembra y madre?

Román PIÑA VALLS

Palma de Mallorca, 1966.

Es profesor de lenguas clásicas en enseñanza secundaria, editor, poeta, novelista, ensayista y articulista. Entre sus novelas se encuentran *Las ingles celestes* (1997), *Un turista, un muerto* (1999), *Som lletjos* (2005), *Gólgota* (2006, Premio Camilo José Cela), *Stradivarius rex* (2009), *El general y la musa* (2013), *Sacrificio* (2015) e *Y Dios irrumpió de buen rollo* (2015). Es autor también de poemarios como *Gomila Park* (1995), *Café con amazonas* (2002) y *Los trofeos efímeros* (2014); del libro de viajes *Viaje por las ramas. Divagando por la Stiria austriaca* (2004, Premio Desnivel); y coautor con Miguel Dalmau del ensayo *La mala puta. Réquiem por la literatura española* (2014).

EL CUCHILLO O EL FUEGO

No es cierto que merezca seguir vivo.
Sin querer, blasfemé. Es mi naturaleza.
Y quisiera limpiarme con la única espada
que es capaz de borrarme las líneas de la mano.
Si me dejan vivir, si soy sólo privado
de libertad y vuelve a nacer mi demencia,
mi sangre cuajará en la argamasa nueva
del pecado y la afrenta.
Son gentiles los que velan por mí.
Para que de mi boca sólo broten geranios
y lo sagrado abrace mi corazón soberbio.
Emasculado puedo honrar a mis verdugos.
Sin lengua evitaré el ingenio que pudre.
Muerto en nombre de Dios seré digno a los ojos
de quienes atormento con escándalo.
No es verdad que esté libre de culpa
y es de débiles perdonarme la vida
y castigarme sólo con prisión pasajera
cuando pueden mis jueces curarme para siempre.
Porque yo entiendo bien sus corazones.
Lamento no tener
un sexo de mujer que rezume placeres
para que me lo arranquen como una lengua enferma.
Lamento no tener pechos de madre
para que los arrasen con telas o con dientes.
Entiendo el veredicto de los siglos,
la balanza erigida por la tierra fecunda
en cuyo vientre fuimos engendrados.
Si no suena mi voz como el arpa celeste,
si es sólo un vanidoso capricho mi poema,
no debo vivir más, pero os entiendo.

Comprendo que atenace a los sabios
la angustia de enviar a los infiernos
un alma tan porosa,
incapaz de sentir
el cuchillo o el fuego.

Marzo de 2015.

Santiago Alfonso LÓPEZ NAVIA

Madrid, 1961.

Es escritor y profesor, autor de los libros de poesía *Tremendo arcángel* (2003), *Sombras de la huella* (2006), *El cielo de Delhi* (2007, 2010), *Canción de ausencia rota de mi señor silente* (2008), *Ética y retórica a Jacobo Sadness* (2009), *Ensueño y mediodía* (2011), *Canciones de Navidad del País de Nunca Jamás* (2011), *Arte nuevo (Entre tantas asperezas)* (2013) e *Impresiones de paso* (2015). También ha publicado un libro de relatos, *Cuentos de barrio y estío* (2015); y ocho de ensayo dedicados al cervantismo y a la retórica, entre ellos *El tratamiento de las ideas y la organización del discurso* (1995), *La ficción autorial en el Quijote y en sus continuaciones e imitaciones* (1996), *Inspiración y pretexto. Estudios sobre las recreaciones del Quijote* (2005) y *El arte de hablar bien y convencer. Manual del orador* (2010). Sus poemas han sido recreados por diversos cantautores, compositores y grupos de rock y ha obtenido varios premios nacionales e internacionales.

NO ES FÁCIL RESISTIR, YA LO HABRÁS VISTO,
ni faltan ocasiones de rendirse.
Hay quien resiste erguido como el muro
labrado en la firmeza de la piedra;
también hay quien resiste como el agua
que hace llorar al muro tras la lluvia,
y quien resiste como el viento limpio
que seca luego el agua o la congela.

Tendrás que ponderar en cada caso
cómo hay que resistir, si es que conviene,
si debes ser el muro, el agua, el viento
o es más inteligente no ser nada:
a veces resistir es una espera.

(Poema XIV de *Ética y retórica a Jacobo Sadness*)

ARTE NUEVO DE LA CONSTANCIA

Observa cómo el tallo de la espiga
resiste contra el viento
y cómo vuelve el río desviado
a reclamar su lecho.

Escucha la lección hecha de siglos
que dictan los océanos
y el discurso callado que la roca
pronuncia en su silencio.

Mirá cómo proclama la tormenta
la majestad del trueno
y cómo se abre paso entre la grieta
la flor en el cemento.

Imita la quietud con que los árboles
se entregan al incendio,
y que las llamas vengan a buscarte
erguido, vertical, constante.
                              Recto.

[*Arte nuevo. (Entre tantas asperezas)*]

Santiago MONTOBBIO

Barcelona, 1966.

Publicó poemas por primera vez en la *Revista de Occidente* en 1988 y es autor de una reconocida obra poética escrita en torno a sus veinte años. En 2009, después de veinte años de silencio, volvió a escribir poesía con gran intensidad, un conjunto de 942 poemas que se han publicado en una tetralogía: *La poesía es un fondo de agua marina* (2011), *Los soles por las noches esparcidos* (2013), *Hasta el final camina el canto* (2015) y *Sobre el cielo imposible* (2016).

LA POESÍA INUNDA LOS PASILLOS, LAS AULAS,
las calles, las alcobas. La poesía
es tan libre como un pájaro
y no se resiste a dejar de ser misterio.
La poesía nos puebla, nos inunda, nos penetra.
Pertenecemos a la poesía. La tierra es poesía.
Pero está también la noche, y el miedo,
y las fauces del tiempo y el olvido.
También la poesía es su signo.
Si abandono la poesía, del hombre abdico.
Aun en el silencio en ella vivo.

LA POESÍA ES TIERRA DE NADIE,
es tierra libre. En ella puede el hombre
en su más profunda verdad cumplirse.
No dejéis que el mundo oscuro
la arruine, en el silencio la anegue
y deje que muera. No dejéis
que la poesía se pierda. Es la libertad
que la tierra fecunda, el aire
que precisa. No la arrojéis a los lobos
disfrazados de niños ni equivoquéis
sus caminos. Porque el hombre
para vivir la necesita.

(La poesía es un fondo de agua marina)

Sinesio DOMÍNGUEZ SURIA

Santa Cruz de Tenerife, 1944.

Reside en Las Palmas. Arquitecto técnico y licenciado en Filología Hispánica, ha dirigido la revista *La Página*. Es autor de las novelas *La Tregua* (1966, Premio Ciudad de Salamanca), *Crónica de una angustia* (1981, Premio Ciudad de La Laguna), *Los juegos del tiempo* (1994), *Los sueños imposibles* (1999), *Los caminos de Creta* (2006) y *El síndrome de Tarzán* (2015), así como el volumen de relatos *Elena vuelve a estar de luto* (2012). Participó en los volúmenes colectivos de relatos *La arboleda de adelfas* (2007) y *Argamasa literaria* (2007).

LA CARTA

Pasó como una exhalación. No solo de manera apresurada y sin detenerse, sino sin ni siquiera mirarnos, sentado en la parte trasera de su coche con los cristales de las ventanillas subidos hasta arriba. Las banderitas se quedaron mustias en nuestras manos y apenas tuvimos tiempo de agitarlas.

—Menos mal —dijo mi padre, suspirando, como si se hubiera quitado un peso de encima.

En silencio se puso a descolgar de las ventanas las enormes banderolas que entre mi madre y él habían estado cortando noches atrás. Les quitaron los alfileres y los hilos que prendían las flores y doblaron los paños en silencio, sin apenas mirarse. Quizá de vez en cuando, mi madre suspiraba también como si hubiera contenido un temor durante días. Mi padre, sofocado, se daba entonces más prisa en guardarlo todo.

—No se detuvo ni para saludar a la abuela de Julián —dije con cierto resquemor desde mi silla del comedor mientras ellos recogían los adornos.

Días atrás, a la hora de la merienda, Alvarito y Angelita habían llegado, corriendo como posesos, hasta el muro de la cerca y me habían llamado a gritos:

—Que dice la abuela de Julián que conoce a todo el mundo y que veremos cómo, cuando él pase, también la saludará.

La abuela de Julián se sentaba por las tardes, cuando el sol empezaba a marcharse por detrás de las montañas, en el poyete de piedra que tenía por fuera de su casa. Allí se ponía, tobillo sobre tobillo, a coser o a desgranar arvejas. Al adiós del que pasaba, ella respondía buenas tardes. El tranvía, que tenía la estación al lado de su casa, también paraba y el tranviario venía siempre a verla y a tomarse su tacita de café. Le traía recuerdos y memorias de otras personas y ella contestaba ¡ah, sí! Conocía a todo el mundo.

—Para eso solo hay que ser buena —nos decía—. Buena y educada.

Aquella misma tarde, después de acompañar a mi padre al piso alto a meter las banderas en las gavetas del armario del cuarto de la torre, fuimos a verla un poco dolidos porque él no se había detenido a saludarla.

Ella separaba lentejas y apenas levantó la vista. Su sonrisa no había desaparecido pero masticaba algo como si rumiara un desdén.

—Pues no se detuvo —dijo ella al ver nuestras caras de desencanto—, porque tenía prisa. La gente importante siempre tiene prisa.

Al día siguiente, sentada en el poyete, zurciendo calcetines, nos enseñó una carta y me hizo leerla en voz alta para que Alvarito y Angelita la escucharan.

—*Avuela: no pude detenerme a saludarla porque me esperavan en otro lugar. Otra ves será.*

¿Para eso habíamos estado tan atareados, recogiendo flores de las jardineras y atándolas con hilos de coser a las banderas, pintando la casa que les costó a mi padre y a Roque cinco días por lo menos? (Los policías pasaban todas las tardes anteriores a su visita y decían bien, bien, esto va bien.)

Bien, bien, ¿y ni siquiera nos miró ni se detuvo cuando gritábamos su nombre? ¿Y eso para pagarnos con una carta que tenía manchas de tinta y una letra horrible?

A partir de entonces, cada vez que oía nombrarlo en la iglesia, en la radio o en la escuela me sentía decepcionado, corría a la huerta y me subía al drago a llorar mi furia.

(Varios autores, *Argamasa literaria*)

Teresa DOMINGO CATALÀ

Tarragona, 1967.

Ha publicado los libros de poesía *Iris de sombras* (2003), *Loliloquios* (2004), *Un amor que palpita solitario* (2006), *Compasión en el tiempo de los locos* (2007), *El gravitar del agua* (2007), *Majar las rosas* (2008), *Luzbel de penumbra* (2010), *Luna muerta* (2013) y *Destrucciones* (2014); actualmente tiene en prensa el volumen *Las flores* (2016). Ha participado en antologías como *Sangrantes* (2013). También ha publicado textos dramáticos: *Las peculiares aventuras de Belinda Miraflores / La Revolución* (2009), *Ciano solo* (2009) y *La concejala de igualdad* (2014).

EL SILENCIO

La libertad es el bien más sagrado que poseemos los seres humanos. Como todas las grandes palabras se ha utilizado de muchos modos y maneras, e invocándola muchas personas han muerto por su causa, o a causa de los enemigos de la misma libertad.

En este nuestro mundo los absolutos no existen, y por ello la libertad es siempre relativa, porque es humana. Limitada y condicionada por la realidad, vivimos en un mundo que la teme, que prefiere abdicar de su pequeño margen de existencia libre.

Es mucho más sencillo ser gregario que ser libre. El coste personal es mucho menor, aunque en el camino del gregarismo se pierde lo más esencial del ser humano: el derecho a ser y por lo tanto, a pensar y expresar la propia diferencia.

En Occidente, el óbolo es el silencio. Las voces divergentes son acalladas, o convertidas en memes de Facebook, que es peor que silenciarlas. Unas pocas frases sacadas de contexto, con el nombre de algún escritor o pensador famoso, con semblanzas de verdad, se utilizan como una nueva filosofía de papel cuché.

Lo que es políticamente incorrecto no encuentra eco. No se publica. Y si por azar llega a ver la luz, se demoniza.

La mayoría de las personas viven y mueren manipuladas –vivimos y morimos manipulados– y engañadas por toda clase de prejuicios y falsedades que se repiten como verdad, y quien cuestiona estas verdades es inmediatamente expulsado o exiliado en los límites del silencio al que aludía antes.

A cambio, a veces se concede la palabra —mediante dádivas institucionales— a personas realmente libres de pensamiento para dar una apariencia de que la libertad existe, pero estas personas poquísimas veces tienen acceso a la mayoría de la sociedad.

En otros países, como Arabia Saudí, la libertad de pensamiento, de expresión y de conciencia puede conllevar el silencio más extremo: la muerte.

La pena de muerte simboliza el poder más brutal del Estado sobre el individuo, sobre el ser humano.

El poeta Ashraf Fayad cometió el delito de publicar un libro de poemas, un libro de poesía. Acusado de ateísmo y de blasfemia contra el Islam, sólo la presión internacional ha conseguido salvarle la vida. Eso sí, ha sido condenado a ocho años de cárcel y a ochocientos latigazos.

Nadie debe ser condenado por declararse ateo. Nadie debe serlo por escribir supuestas blasfemias contra cualquier religión. La creencia espiritual es otra cosa.

Cuando la creencia es utilizada por el Estado para sojuzgar, someter y asesinar, muere.

La fe no debería plasmarse en una institución. Como dijo Jesús de Nazareth, mi reino no es de este mundo. Y tenía razón. No lo es. La creencia espiritual remite al mundo espiritual.

El Estado no sólo debería estar libre de religión: debería no existir. Debería ser la sociedad la que se regulara a sí misma.

Pero ya que el Estado existe, que tenga los mayores límites posibles.

La mística Margarita Porette fue quemada en la hoguera en París por haber escrito un libro que se denominó hereje. Fue acusada de herejía, de blasfemia por aquellos que no comprendieron su mensaje.

Por supuesto, el crimen tuvo connotaciones políticas, contra los cátaros y contra las beguinas.

En el caso de Ashraf, gracias a las presiones el crimen no se ha cometido, pero se comete otro: años de cárcel y latigazos por expresar, por denunciar, por ejercer el derecho a ser libre.

Como poeta y dramaturga, como escritora y sobre todo como mujer, quiero enviarle a Ashraf unas pocas palabras, que son un arma tan poderosa que todavía se mata y se muere por ellas.

Unas pocas palabras. Porque la auténtica lucha del ser humano es para intentar conservar un criterio propio, un criterio lo más libre posible, un criterio que asume, desde luego, que la verdad no existe, porque los seres humanos sólo podemos captar lo absoluto por medio de la iluminación.

Tomás SÁNCHEZ SANTIAGO

Zamora, 1957.

Profesor de lengua y literatura y poeta. Es autor de *La secreta labor de cinco inviernos* (1985), *Vida del topo* (1992), *En familia* (1994), *Ciudadanía* (1997), *Detrás de los lápices* (2001), *Lo bastante* (2004), *El que desordena* (2006) y *Pérdida del ahí* (2016). También ha publicado los libros de prosas *Para qué sirven los charcos* (1999), *Los pormenores* (2007) y *La vida mitigada* (2014); el ensayo *Zamora y la vanguardia* (2003); la colección de artículos *Salvo error u omisión* (2003); y la novela *Calle Feria* (2006, Premio Ciudad de Salamanca).

PALABRAS URGENTES PARA UN POETA ÁRABE

La cualidad de resistente del poeta, del verdadero poeta, no conoce límites ni convenciones. Cuando eso ocurre, cuando uno oye timbales en su espíritu y es imposible sustraerse a la llamada de la justicia, de la advertencia cruda, de la resolución insoslayable, entonces el poeta es ya alguien peligroso. Un piojo molesto; también un desacomodado. ¿Pero es que se puede ser otra cosa cuando alguien vive en los fundamentos ardientes de toda lengua: en la poesía?

Europa huele todavía a humo y a plegaria desconsolada (acaba de producirse el atentado espeluznante e indiscriminado de Bruselas en ese doloroso dominó que va cayendo ficha a ficha, que seguirá así...) y hay quien habla, para explicarlo todo, de razas o de culturas. Contra las simplificaciones, contra los discursos interesados llega este libro lleno de esa otra hermosa indiscriminación que sella su sentido en lo colectivo y en lo anónimo.

Es muy probable que ninguno sepamos hasta dónde llega la estatura literaria de Ashraf Fayad. Él es para nosotros un desconocido. Y todo desconocido es un misterio: su relación con él se alza sobre una diferencia mutua donde reside, precisamente, la posibilidad de conocer, también de amar, como alguna vez dijo José Ángel Valente refiriéndose a esto mismo. Pero quienes hemos entrado en el perímetro abrasador de este libro sabemos que no escribimos a ciegas. Nos guía, estoy seguro de ello, una nebulosa certeza, la certeza de que nuestros textos se van al lado del bien común, de la libertad, de la justicia, de la compasión por los débiles y los desasistidos. Se va al territorio luminoso y feroz de un poeta perseguido.

Crear ese perímetro en forma de libro no deja de ser, simplemente por ello, alzar una ínsula viva de palabras en torno a quien en esta misma hora estará detenido, maltratado, quién sabe si atormentado por no haber querido claudicar ante las formas de la ignominia. Y es un hombre árabe. Alguien que pertenece a una raza vilipendiada en esa siniestra metonimia que quiere suponer que el mundo se divide en buenos y malos, partidos por un diafragma que trata de insistir en que esos dos conceptos, el Bien y el Mal, pertenecen a dos mundos históricamente escindidos.

¿Hasta dónde pueden llegar nuestras palabras, persiguiéndose aquí unas a otras como pequeños insectos atareados en escapar de la desolación? En esta hora falaz del mundo, ¿cuál es el lugar del poeta? ¿Cuál es el territorio natural de la inconformidad, de la rebelión? Ese territorio ha de ser la sustancia orgánica e insobornable de la palabra poética. Lejos de todo servilismo y más allá de la bisutería verbal, exijamos así justicia y libertad para quien habló por todos claramente pero solo se le escuchó a él. Digamos el nombre de Ashrad Fayad como quien invoca, reunidos en él, a los millones y millones de víctimas cuya voz no se soportó en la altura inalcanzable de los engranajes opresivos del poder. Allá donde acaso solo llegan los santos y los niños y los poetas para dejar encendidas sus palabras que nadie, ni siquiera quienes todo lo pueden, podrán apagar nunca. Mantos y dedos chamuscados los delatarán. Y otras palabras se encenderán cuando aquellas se apaguen. Nadie podrá terminar nunca con esta combustión que llamamos Poesía y que ahora se abre paso hacia un país donde un hombre árabe fue condenado a salir de la vida por no querer detener dentro de la boca lo que nosotros ahora queremos decir, queremos repetir junto a él.

Tomás VALLADOLID BUENO

Siles, Jaén, 1959.

Doctor en Filosofía, reside en Dos Hermanas, Sevilla. Ha
publicado los libros *Historias de la otra razón* (1993),
Democracia y pensamiento judío (2003) y *Por una justicia
postotalitaria* (2005). Es autor de numerosos estudios sobre
víctimas, justicia y democracia, entre otros asuntos.

INEXPUGNABLE COMO UNA ROCA, ERES TÚ, TU POESÍA.

Al poeta Ashraf Fayad

Bueno, "R" es "R" como resistencia y no religión... Nadie tiene el derecho de atropellar a un artista... El arte es resistencia. El arte consiste en liberar la vida que el hombre ha encarcelado. El artista es aquel que libera una vida, una vida potente, una vida que es más que personal, que no es la propia vida... No hay arte que no sea una liberación de una potencia de vida y, ante todo, no hay arte de la muerte... –¿Redes de resistencia? –Eso es. La función de la red es resistir, sí; resistir y crear, sí.

Gilles Deleuze

Sólo en esta necesidad de recreación coincide el lenguaje de estos poetas inspirados, libres, rigurosos. [El poeta] no se cree obligado a ejercer ningún sacerdocio, y ninguna pompa religiosa, policial o social que acartona sus gestos.

Jorge Guillén

Un niño de doce años traspasó el umbral de la puerta. Una más entre aquellas puertas de madera, verdes en su color y algo rugosas al tacto, que se interponían entre el pasillo y las habitaciones de los dormitorios. En la mitad superior de cada puerta había enmarcado un panel de cristal con fondo mate, sobre el que aparecía inscrito un escudo transparente en sus bordes biselados. A la mirada del niño, le resaltaban tres simbólicas violetas y un lema enigmático: *"esto rupes inaccessa"*.

Y así, durante años, cada mañana y cada noche, al cruzar la puerta, la misteriosa divisa atravesaba el umbral de su tierna conciencia. Y allí, en el habitáculo y dentro de sí mismo, el niño fue sembrando un modesto y humilde decir poético. Lo fue abonando y regando con palabras sencillas, pero potentes e inexpugnables como una roca, frente a las dogmáticas condenas que dictaban, de tiempo en tiempo, los guardianes de la Palabra.

Hasta que llegado el día de hoy, ya envejecido el niño, y ya otra vez apresada una obra de poesía, el *logos* poético hubo de reactivar su resistencia, con palabras de protesta, para liberar la vida del dominio de jueces injustos, de necios y fanáticos escribas. Hoy, contra las palabras de un Derecho blasfemo, de un juicio torcido, que acusa de blasfemia a las palabras de un poeta, se hubieron de unir más palabras, de poética resistencia, a las palabras benditas del bendito poeta. Y por eso henos aquí, pues, con nuestras manos en las manos de un poeta, para escribir palabras de común apoyo y de solidaria defensa: "esto *rupes inaccessa*".

Vicente TORRES

Benisa, Alicante, 1946.

Escritor y crítico literario, es autor del libro de reflexión *Valencia, su Mercado Central y otras debilidades* (2015) y de la novela *Yo estoy loco* (2016), y coautor, con Rafael Marí, del ensayo *1978. El año en que España cambió de piel* (2014). Ha participado en diversos libros colectivos y mantiene varios blogs de opinión y crítica literaria.

ASHRAF FAYAD

La idea de Dios es muy bella y no se sabe cómo pudo surgir en la mente humana. Quizá fue consecuencia de que nuestros antepasados se dieron cuenta de que las cosas son perfectibles, lo que lleva a la idea de la perfección. Ese ser perfecto imaginado es Dios.

La bondad surgió en el género humano antes de que lo hiciera ninguna religión. De modo que Dios no es necesario para que la bondad haga acto de presencia. Se puede alegar, sin embargo, que el hecho de que exista la bondad se debe a que existe Dios. ¿Cómo se podría explicar si no fuera así?

La Ciencia ha demostrado que no es necesario Dios para la formación del Universo. Eso tampoco prueba que no existe. Puede haberlo creado sin dejar huellas.

Es obvio, pues, que Dios, en el caso de que exista, quiere que dudemos. Si no fuera así, se habría mostrado ante los ojos de todos de forma evidente, lo cual nos lleva a la siguiente cuestión: ¿qué mérito tendría creer en un Dios todopoderoso cuya existencia es cierta? Por otro lado, ¿qué importancia tendría para este Dios que alguien no creyera en él, pero cuya bondad fuera evidente? Porque es obvio que para este Dios imaginado lo principal es la bondad. Cualquier religión, teóricamente, desea la bondad de sus fieles, aunque el modo de llegar a ella pueda diferir de unas a otras.

Los problemas surgen cuando llegamos a las religiones y vemos que todas ellas proclaman la existencia de Dios como algo cierto y la duda les ofende. Hoy por hoy, cada una de las religiones se arroga el derecho de interpretar el pensamiento de Dios e incluso sus deseos. En los tiempos actuales, algunas religiones se han civilizado bastante y han reducido su intransigencia en algunos puntos. Ya no consideran los castigos corporales. Ya consienten que haya gente que no cree y supongo que incluso conceden que un no creyente puede ir al cielo.

Quedan religiones que consideran que Dios es cruel y se comportan en consonancia. Eso es un contrasentido. Si Dios quiere la bondad no puede ser cruel. Dios no puede pretender que todos crean en él, sí que puede dolerse de que haya gente malvada.

Llegados a este punto, cabe decir ya que ningún Dios, imaginado o real, puede estar conforme con el trato que se le da a Ashraf Fayad.

Dios no es necesario para que exista el bien, ni para que exista el Universo. Pero se sabe que Dios, si existe, no puede estar de acuerdo con el mal. Quienes quieren creer en Dios deberían procurar no hacer daño a nadie.

ÍNDICE

Se terminó esta primera edición de

Palabras para Ashraf

el 1 de mayo de 2016,
fiesta de los trabajadores
(lo que incluye a los poetas presos,
pero no a sus carceleros)
y festividad de san Segismundo,
rey de los burgundios,
en la ciudad de Palma.

L A V S   D E O

LOS PAPELES DE BRIGHTON

http://lospapelesdebrighton.com

$\mathcal{C}$

Catálogo

Mayo de 2016

COLECCIÓN MINÚSCULA

1
Carlos Juliá Braun
Siete sonetos piadosos
26 pp.
ISBN: 978-0-9927430-0-0 (agotado; próxima reedición)

2
Juan Luis Calbarro
Diez artistas mallorquines
160 pp.
ISBN: 978-0-9927430-1-7 (agotado; próxima reedición)

3
Luis Ingelmo
Aguapié
62 pp.
ISBN: 978-0-9927430-2-4 (agotado; próxima reedición)

4
Carlos Jover
Bajo las sábanas
122 pp.
ISBN: 978-84-945158-2-8 (segunda edición)

5
Eduardo Moga
Décimas de fiebre
85 pp.
ISBN: 978-0-9927430-5-5

6
Teresa Domingo Catalá
Destrucciones
86 pp.

ISBN: 978-0-9927430-7-9 (agotado; próxima reedición)

COLECCIÓN MAYOR

1 / Poesía
Julio Marinas
Poesía incompleta (1994-2013)
132 pp.

ISBN: 978-0-9927430-3-1

2 / Ensayo
Jorge Rodríguez Padrón
Algunos ensayos de más
156 pp.

ISBN: 978-0-9927430-6-2 (agotado; próxima reedición)

3 / Poesía
José Luis Pernas
Acaso el tiempo. Poesía reunida
148 pp.

ISBN: 978-84-945158-0-4

4 / Homenaje
Varios autores
Palabras para Ashraf
Edición de Juan Luis Calbarro
318 pp.
ISBN: 978-84-945158-3-5

COLECCIÓN ACADEMIA

1 / Pedagogía
Juan Jiménez Castillo
Leer para vivir
Una mirada de sentido común a la
naturaleza de la alfabetización inicial
168 pp.
ISBN: 978-0-9927430-8-6

www.ingramcontent.com/pod-product-compliance
Lightning Source LLC
Chambersburg PA
CBHW030405030726
47497CB00002B/491